Schulliederbuch

Herausgegeben von Rüdiger Sell
unter Mitarbeit von Lothar Höchel
und Andreas Unterumsberger
Illustrationen: Wolfgang Würfel

LIEDERBUCH

für den Musikunterricht
an allgemeinbildenden Schulen
(ab Klasse 5)

Volk und Wissen Verlag

Die Gedanken sind frei

Wer möchte nicht im Leben bleiben

2. Wer möchte nicht im Leben bleiben, den Mensch' und Tieren zugesellt. |: Wer ließe sich denn gern vertreiben von dieser reichen, bunten Welt. :|

3. O lasset uns im Leben bleiben, weil jeden Tag ein Tag beginnt. |: O wollt sie nicht zu früh vertreiben, alle, die lebendig sind. :|

Worte: Wera Küchenmeister · Melodie: Kurt Schwaen

Friedrich Hofmeister Musikverlag Leipzig

Wir wollen Frieden auf Erden

Kanon für 4 Stimmen

Ursprünglich auf Worte nach dem Lukas-Evangelium:
Ehre sei Gott in der Höhe! Friede auf Erden,
auf Erden und den Menschen ein Wohlgefallen.
Amen, Amen.

Musik: Ludwig Ernst Gebhardi (1787–1862)

Dona nobis pacem

Kanon für 3 Stimmen

Zogen einst fünf wilde Schwäne

2.|:Wuchsen einst fünf junge Birken grün und frisch am Bachesrand.:|Sing, sing, was geschah? Keine in Blüten stand, ja.

3.|:Zogen einst fünf junge Burschen stolz und kühn zum Kampf hinaus.:|Sing, sing, was geschah? Keiner kehrt mehr nach Haus, ja.

4.|:Wuchsen einst fünf junge Mädchen schlank und schön am Memelstrand.:| Sing, sing, was geschah? Keines den Brautkranz wand, ja.

Litauisches Volkslied · Textfassung: Karl Plenzat · Satz: Günter Olias

Down by the Riverside

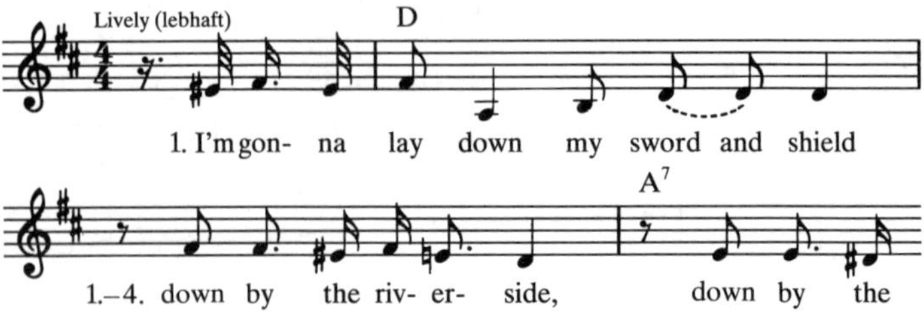

2. I'm gonna talk with my brethren…

3. I'm gonna bury that atom bomb…

4. I'm gonna shout out that call of peace…

Übersetzung

1. Ich will ablegen Schwert und Schild dort an des Flusses Rand, denn ich will den Krieg nie mehr.

2. Ich will mit meinen Brüdern sprechen…

3. Ich will die Atombombe vergraben…

4. Ich will diesen Ruf nach Frieden hinausschreien…

Spiritual aus Nordamerika

Es geht ein dunkle Wolk herein

Volkslied · Worte (1. Strophe) und Melodie: in Johannes Werlins Liederhandschrift, 1646; Worte (1. Strophe) schon in Georg Forsters „Frischen Teutschen Liedlein" II, 1540; 2. Strophe im „Zupfgeigenhansl", 1908; 3. Strophe in Kretzschmer/Zuccalmaglios „Deutschen Volksliedern", 1838 · Satz: Lothar Höchel

Freude, schöner Götterfunken

Aus dem 4. Satz der 9. Sinfonie

2. Wem der große Wurf gelungen, eines Freundes Freund zu sein, wer ein holdes Weib errungen, mische seinen Jubel ein! Ja, wer auch nur eine Seele sein nennt auf dem Erdenrund! Und wer's nie gekonnt, der stehle weinend sich aus diesem Bund.

Worte: Friedrich Schiller (1759–1805) · Melodie: Ludwig van Beethoven (1770–1827)

Nach dieser Erde

Worte: Gerd Kern · Musik: nach Philip Hayes (1738–1797)
Verlag Neue Musik Berlin

Das Kälbchen

2. Weint das Kälbchen, sagt der Bauer: Wer hat dir gesagt: Sei Kalb? Solltest lieber sein ein Vogel, solltest lieber sein die Schwalb.

3. Dumme Kälbchen soll man binden, schlachtet sie und hat noch recht. Doch wer Flügel hat, kann fliegen und ist keines Menschen Knecht.

Jiddisches Lied · Worte: J. Katzenelson · Nachdichtung: Heinz Kahlau

Es brennt!

2. Es brennt, Brüder, ach, es brennt! Ach, unser armes Städtchen, alles brennt! Es haben schon die Feuerzungen das ganze Städtchen heiß umschlungen, und die bösen Winde blasen, alles ringsum brennt!

3. Es brennt, Brüder, ach, es brennt! Es kann, behüte, kommen der Moment: Unsre Stadt mit uns zusammen wird zu Asche, steht in Flammen. Bleiben solln wie nach der Schlacht nur schwarze, leere Wänd!

4. Es brennt, Brüder, helft, es brennt! Die Hilfe liegt in eurer Hand, es brennt! Ist euch euer Städtchen teuer, nehmt die Eimer, löscht das Feuer, löscht mit eurem eignen Blut, beweist, daß ihr das könnt!
Steht nicht, Brüder, steht nicht länger und regt nicht die Händ! Steht nicht, Brüder, löscht das Feuer – unser Städtchen brennt!

Worte und Melodie: Mordechaj Gebirtig, 1942

Die Moorsoldaten

2. Hier in dieser öden Heide ist das Lager aufgebaut, wo wir fern von jeder Freude hinter Stacheldraht verstaut.

3. Morgens ziehen die Kolonnen in das Moor zur Arbeit hin. Graben bei dem Brand der Sonne, doch zur Heimat steht der Sinn.

4. Heimwärts, heimwärts jeder sehnet sich zu Eltern, Weib und Kind. Manche Brust ein Seufzer dehnet, weil wir hier gefangen sind.

5. Auf und nieder gehn die Posten, keiner, keiner kann hindurch. Flucht wird nur das Leben kosten, vierfach ist umzäunt die Burg.

6. Doch für uns gibt es kein Klagen, ewig kann's nicht Winter sein. Einmal werden froh wir sagen: Heimat, du bist wieder mein. Dann ziehn die Moorsoldaten nicht mehr mit dem Spaten ins Moor!

Worte: Johann Esser/Wolfgang Langhoff · Melodie: Rudi Goguel

Das Lied entstand im Sommer 1933 im Konzentrationslager Papenburg im Börgermoor in Ostfriesland.

Edition Peters Leipzig

El condor pasa

2. El hombre es como el cóndor al volar.
De un lugar a otro lugar ha de volar.
La sangre entra en sus garras de dolor, de maldad,
como imitación del hombre y su puñal.

In diesem Lied vom Kondor, der hoch am Himmel kreist, ertönt der einstimmige Ruf: Keinen Hunger, keinen Schmerz – der Mensch soll nur noch Liebe verbreiten, denn dann herrscht Frieden und Einigkeit ohne Furcht.

Worte: Aus Bolivien · Melodie: Daniel A. Robles, Jorg Milchberg

Die ich liebe

Nach der 2. Strophe
da capo al fine

2. Die ich liebe, ist schön, unsagbar schön, wenn sie die Mutter sanft gestreichelt hat, wenn sie der Bruder zärtlich küßt. |: Man hat sie fortgebracht, und keiner sieht, wie schön sie ist. :| Man hat sie fortgebracht, und keiner weiß, wohin.– Ihr Mädchen von Mauthausen und ihr von Bergen-Belsen. Ich frage, wer sie getroffen hat, ich frage, wer sie gesprochen hat, ich frage euch, wer sie sah, wer sie sah. Wir trafen sie auf kahlem Platz im Eiswind, ihr Arm trug eine schwarze Nummer, ihr Herz schlug noch unterm gelben Stern.

Worte: Jakovos Kambanelis · Nachdichtung: Gisela Steineckert · Melodie: Mikis Theodorakis, 1965

Hevenu shalom

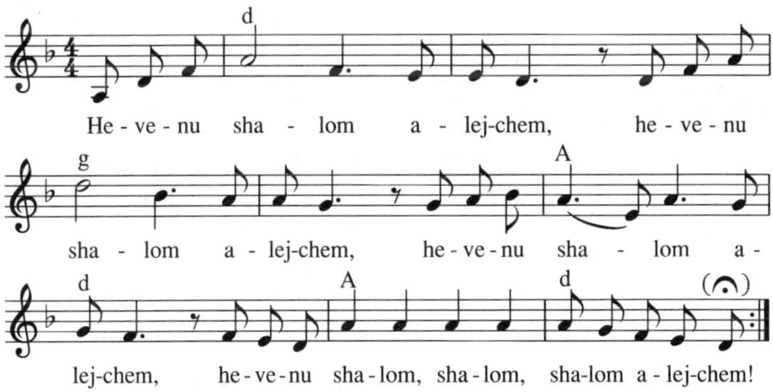

Aus Israel

Übersetzung: Wir wünschen Frieden für alle!

Guantanamera

2. Mi verso es de un verde claro y de un carmin encendido, mi verso es un ciervo herido que busca en el monte amparo.

3. Con los pobres de la tierra quiero yo mi suerte echar, el arroyo de la sierra me complace mas que el mar.

Übersetzung
Schönes Mädchen von Guantánamo

1. Ich bin ein ehrlicher Mann und komme aus einem Land, wo Palmen wachsen. Bevor mich der Tod zum Schweigen bringt, möchte ich mir meine Lieder vom Herzen singen.

2. Meine Gedichte sind von sanftem Grün und von leuchtendem Rot. Mein Lied gleicht einem verwundeten Reh, das in den Bergen Schutz sucht.

3. Mit den Armen der Erde möchte ich mein Schicksal teilen. Der Fluß in den Bergen gefällt mir mehr als die freie See.

Worte: José Martí · Melodie: kubanisches Volkslied

José Martí (geb. 1853), Journalist und Schriftsteller, trat, ständig verfolgt und meistens im Exil lebend, für die Unabhängigkeit seines Heimatlandes Kuba ein und fiel 1895 im Kampf gegen die spanischen Unterdrücker.

Blues and Trouble

Worte und Melodie: aus den USA

Lied der Wolgaschlepper

2. Seht den Morgendunst zergehn! Sonne, wird es einst geschehn, heida, da, heida, daß wir froh dich steigen sehn? Sonne, wird es einst geschehn?

3. Mutter Wolga, tief und breit, Hoffnung bist du uns und Leid, heida, da, heida, dein sind wir für alle Zeit, Mutter Wolga, tief und breit.

Russisches Volkslied · Nachdichtung: Heidi Kirmße

John Brown's Body

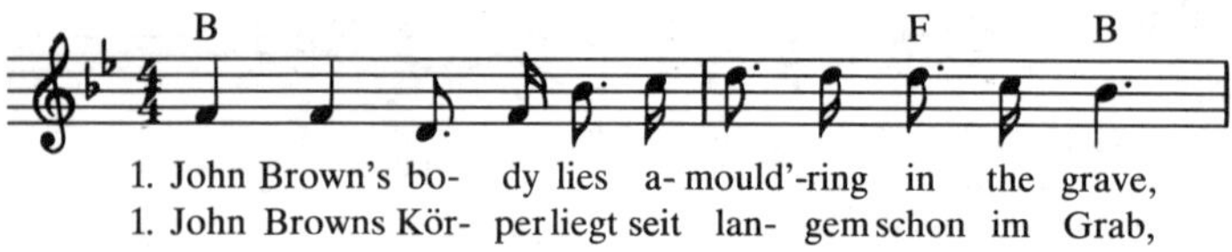

2. The stars above in heaven now are looking kindly down on the grave of old John Brown.

3. America's working folk are all remembring of this spot, it's the grave of old John Brown.

Übersetzung

2. Die Sterne sehen jetzt freundlich vom Himmel herab auf das Grab des alten John Brown.

3. Die Werktätigen Amerikas erinnern sich alle dieser Stelle, es ist das Grab des alten John Brown.

Worte: nach 1859 · Nachdichtung 1. Str.: Eva Lippold · Melodie: alte englische Hymne, 16./17. Jh.
Lied der Zeit Musikverlag Berlin

We Shall not Be Moved

2. |: We're Black and White together, we shall not be moved. :| Just like a tree that's standing by the water, we shall not be moved.

Übersetzung

1. Die Gewerkschaft steht hinter uns, wir lassen uns nicht abschieben. So wie ein Baum, der am Wasser steht, lassen wir uns nicht abschieben. Wir lassen uns nicht, wir lassen uns nicht abschieben. So wie ein Baum, der am Wasser steht, lassen wir uns nicht abschieben.

2. Wir sind Schwarze und Weiße gemeinsam, wir lassen uns nicht abschieben. So wie ein Baum, der am Wasser steht, lassen wir uns nicht abschieben.

Protestsong aus den USA · Worte: überliefert, aus jüngerer Zeit · Melodie: nach einem Spiritual

We Shall Overcome

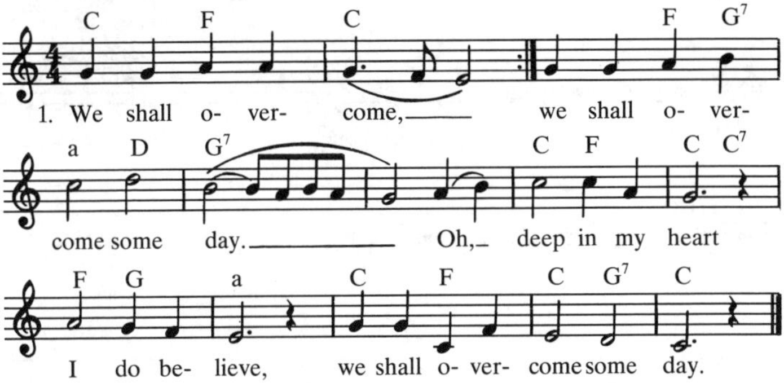

2. |: We shall all be free :| some day. Oh, deep in my heart I do believe, we shall overcome some day.

3. |: We shall live in peace :| some day. Oh, deep in my heart I do believe, we shall live in peace some day.

4. |: We walk hand in hand :| today. Oh, deep in my heart I do believe, we walk hand in hand today.

5. |: We are not afraid :| today. Oh, deep in my heart I do believe, we are not afraid today.

Übersetzung

1. Wir werden eines Tages siegen. Oh, tief in meinem Herzen glaube ich, daß wir eines Tages siegen werden. 2. … alle frei sein … 3. … im Frieden leben … 4. Wir gehen heute Hand in Hand … 5. Wir haben heute keine Angst …

Worte: In dieser Fassung seit 1960 Song der Bürgerrechtsbewegung in den USA · Melodie: nach einer alten geistlichen Hymne

Was gibt uns wohl den schönsten Frieden

Kanon für 3 Stimmen

Worte: Johann Wolfgang von Goethe · Musik: Herbert Zimpel

Where Have All the Flowers Gone

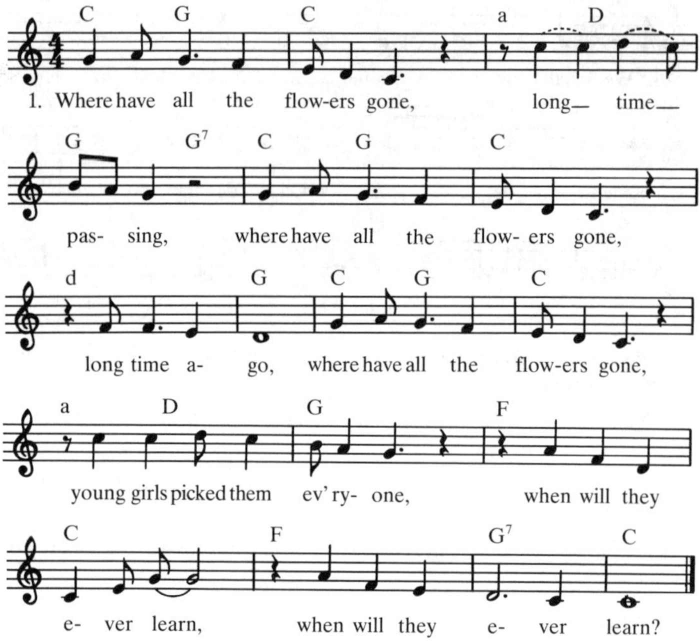

2. Where have all the young girls gone ... gone to young men every one ...

3. Where have all the young men gone ... they are all in uniform ...

4. Where have all the soldiers gone ... gone to graveyards one ...

5. Where have all the graveyards gone ... covered with flowers every one ...

6. Strophe wie Strophe 1

1. Sag mir, wo die Blumen sind. Wo sind sie geblieben? Sag mir, wo die Blumen sind. Was ist geschehn? Sag mir, wo die Blumen sind. Mädchen pflückten sie geschwind. Wann wird man je verstehn, wann wird man je verstehn?

2. Sag mir, wo die Mädchen sind ... Männer nahmen sie geschwind ...

3. Sag mir, wo die Männer sind ... Zogen fort, der Krieg beginnt ...

4. Sag, wo die Soldaten sind ... Über Gräbern weht der Wind ...

5. Sag mir, wo die Gräber sind ... Blumen blühn im Sommerwind ...

6. Strophe wie Strophe 1

Worte und Melodie: Pete Seeger · Nachdichtung: Max Colpet

Swing Low, Sweet Chariot

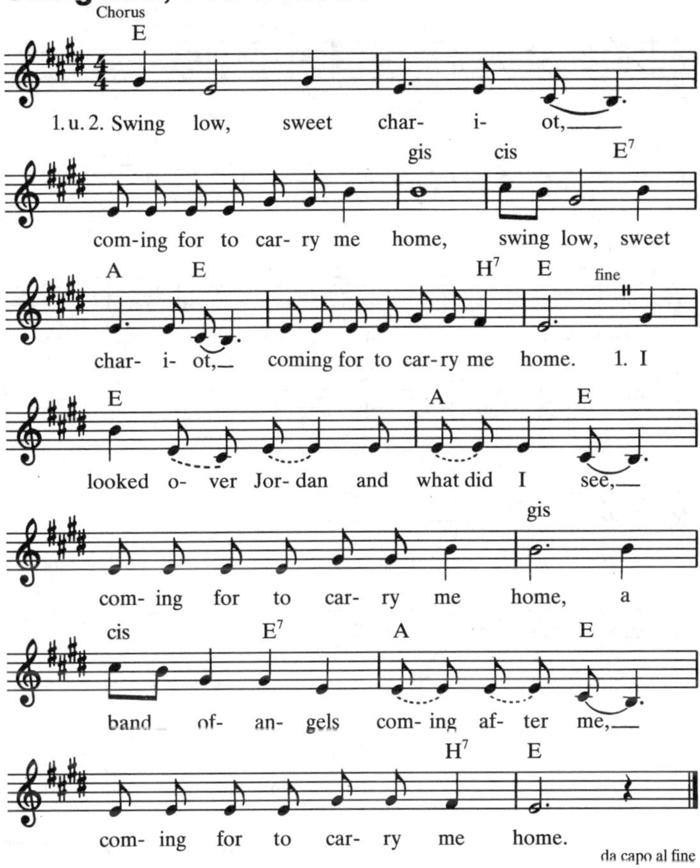

2. If you get there before I do, coming for to carry me home, tell all my friends I'm coming too, coming for to carry me home.

Übersetzung

|: Schwing sanft, geliebter Wagen, komm, mich heimzutragen. :|

1. Ich sah übern Jordan, und was hab ich gesehn? Komm, mich heimzutragen, eine Band von Engeln mir entgegengehn, komm, mich heimzutragen.

2. Wenn du eher dort bist als ich, komm, mich heimzutragen, sag all meinen Freunden, ich käme auch, komm, mich heimzutragen.

Nordamerikanisches Spiritual

Blowin' in the Wind

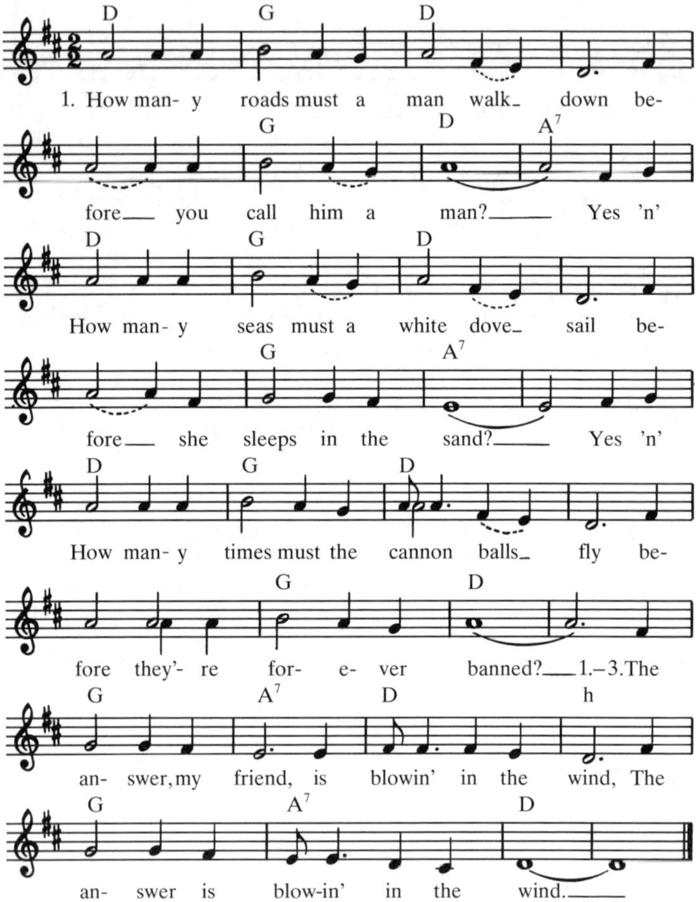

2. How many times must a man look up before he can see the sky? Yes 'n' How many ears must one man have before he can hear people cry? Yes 'n' How many deaths will it take 'till he knows that too many people have died?

3. How many years can a mountain exist before it's washed to the sea? Yes 'n' How many years can come people exist before they're allowed to be free? Yes 'n' How many times can a man turn his head pretending he just doesn't see?

Worte und Melodie: Bob Dylan

M. Witmark & Sons, New York. Für Deutschland, Österreich und die Schweiz: Neue Welt Musikverlag München

Kumbaya, My Lord

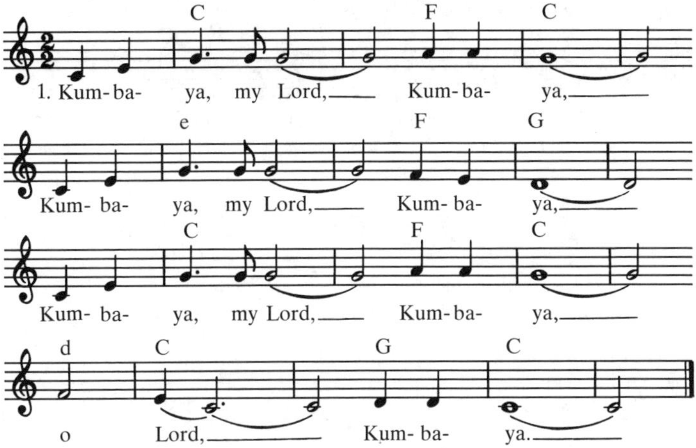

2. Someone's singing, Lord, Kumbaya … 3. Kumbaya, my Lord, Kumbaya …
4. Someone's praying, Lord, Kumbaya … 5. Kumbaya, my Lord, Kumbaya …
6. Someone's crying, Lord, Kumbaya … 7. Kumbaya, my Lord, Kumbaya …
8. Someone's sleeping, Lord, Kumbaya … 9. Kumbaya, my Lord, Kumbaya …

Oh, When the Saints Go Marchin' in

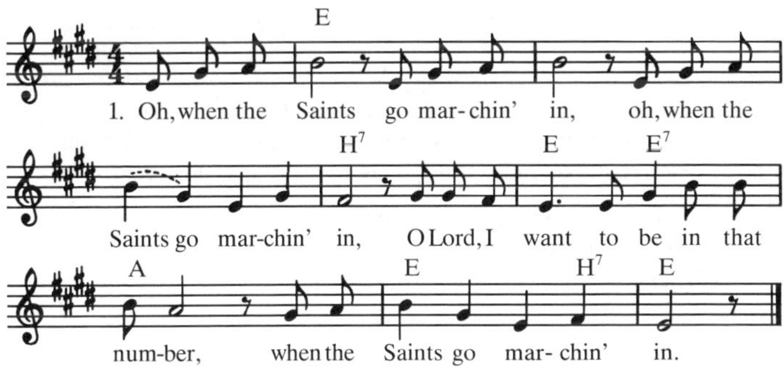

2. And when the stars begin to shine … 3. And when the band begins to play …
4. When Gabriel blows in his horn … 5. And when the sun refuse to shine …
6. And when they crown Him Lord of Lords … 7. And on that hallelujah-day …

Worte und Melodie: aus den USA, Spiritual

Ein feste Burg ist unser Gott

Neuere Form

2. Mit unsrer Macht ist nichts getan, wir sind gar bald verloren; es streit' für uns der rechte Mann, den Gott hat selbst erkoren. Fragst du, wer der ist? Er heißt Jesus Christ, der Herr Zebaoth, und ist kein andrer Gott, das Feld muß er behalten.

3. Und wenn die Welt voll Teufel wär und wollt uns gar verschlingen, so fürchten wir uns nicht so sehr, es soll uns doch gelingen. Der Fürst dieser Welt, wie saur er sich stellt, tut er uns doch nicht; das macht, er ist gericht'. Ein Wörtlein kann ihn fällen.

4. Das Wort sie sollen lassen stahn und kein' Dank dazu haben; er ist bei uns wohl auf dem Plan mit seinem Geist und Gaben. Nehmen sie den Leib, Gut, Ehr, Kind und Weib, laß fahren dahin, sie habens kein' Gewinn, das Reich muß uns doch bleiben.

Martin Luther, 1529

Florian Geyer

2. Als Adam grub und Eva spann, heia oho, wo war denn da der Edelmann? Heia oho!

3. Uns führt der Florian Geyer an trotz Acht und Bann, den Bundschuh führt er in der Fahn', hat Helm und Harnisch an!

4. Geschlagen ziehen wir nach Haus, heia, oho! Unsre Enkel fechten's besser aus, heia oho!

Aus dem 19. Jh. unter Verwendung von Textstellen aus der Zeit des Bauernkrieges

Florian Geyer war ein Anführer der Bauernaufstände in den Jahren 1524/25, die unter anderem die Abschaffung der Leibeigenschaft erstrebten.

Ans Vaterland, ans teure, schließ dich an

Kanon für 3 Stimmen

Worte: Friedrich Schiller (1759–1805) · Musik: Christian Lahusen

Bärenreiter-Verlag Kassel und Basel

Ich bin ein freier Bauersknecht

2. Statt Seidenstrümpfe, knappe Schuh, Bänder und was gehörig dazu, zieh ich ein weit Paar Stiefel an, und doch mit Wahrheit sagen kann, traltiralla, daß vor so viel Jahren ich sie hab eher denn jene getragen.

3. Ich mag auch einen Degen nicht am Gürtel tragen, wie geschiecht; ein kurzer Stock ist mein Gewehr, so blank, als wenn's ein Spiegel wär. Traltiralla, ich tu es nicht achten, ob schon die Hofleut spöttlich drauf lachen.

4. Ich brauch zu Hof schmarotzen nicht, weil mir daselbst nichts gebricht, brauch nicht fuchsschwänzeln um das Brot, arbeite lieber mich zu Tod, traltiralla, ich werd nicht belogen, auch nicht mit Heuchler-Worten betrogen.

5. Was bildet sich der Hofmann ein, daß er als ich will besser sein? Als Adam ackert und Eva spann, wer war damals ein Edelmann? Traltiralla, ich leb alle Morgen sicher und frei von allen Sorgen.

Aus dem 17. Jh.

Italienisches Partisanenlied

2. |: Partisanen, kommt, nehmt mich mit euch, :| denn ich fühl', der Tod ist nah.

3. |: Wenn ich sterb als Partisane, :| bringt mich dann zur letzten Ruh'.

4. In den Schatten der kleinen Blume, einer kleinen, ganz zarten Blume, in die Berge bringt mich dann.

5. |: Und die Leute, die gehn vorüber, :| sehn die kleine Blume stehn.

6. Diese Blume, so sagen alle, ist die Blume des Partisanen, der für unsre Freiheit starb.

1. Una mattina mi sono àlzato, o bella ciao …, una mattina mi sono alzato, e ho trovato l'invasor.

2. O partigiano portami via, o bella ciao …, o partigiano portami via qui mi sento di morir.

3. E se io muoio de partigiano, o bella ciao …, e se io muoio de partigiano tu mi devi seppelir.

4. Seppelire sulla montagna, o bella ciao …, seppelire sulla montagna sotto l'ombra d'un bel fior.

5. E le genti che passeranno, o bella ciao …, e le genti che passeranno diranno o che bel fior.

6. E quest' é il fiore del partigiano, o bella ciao …, e quest' é il fiore del parti giano morto per la libertá!

Die Moritat von Mackie Messer

2. Ach, es sind des Haifischs Flossen rot, wenn dieser Blut vergießt! Mackie Messer trägt 'nen Handschuh, drauf man keine Untat liest.

3. An der Themse grünem Wasser fallen plötzlich Leute um! Es ist weder Pest noch Cholera, doch es heißt: Macheath geht um.

4. An 'nem schönen blauen Sonntag liegt ein toter Mann am Strand, und ein Mensch geht um die Ecke, den man Mackie Messer nennt.

5. Und Schmul Meier bleibt verschwunden und so mancher reiche Mann, und sein Geld hat Mackie Messer, dem man nichts beweisen kann.

6. Jenny Towler ward gefunden mit 'nem Messer in der Brust, und am Kai geht Mackie Messer, der von allem nichts gewußt.

7. Wo ist Alfons Glite, der Fuhrherr? Kommt das je ans Sonnenlicht? Wer es immer wissen könnte – Mackie Messer weiß es nicht.

8. Und das große Feuer in Soho – sieben Kinder und ein Greis – in der Menge Mackie Messer, den man nicht fragt und der nichts weiß.

9. Und die minderjährige Witwe, deren Namen jeder weiß, wachte auf und war geschändet – Mackie, welches war dein Preis?

Mackie Messer ist die Hauptfigur in Brechts „Dreigroschenoper".

Worte: Bertolt Brecht (1898–1956)
Universal Edition Wien · Melodie: Kurt Weill (1900–1950)

Das Lied von der Moldau

Worte: Bertolt Brecht (1898–1956), Suhrkamp Verlag, Frankfurt am Main · Melodie: Hanns Eisler (1898–1962), Deutscher Verlag für Musik Leipzig

Kinder

2. Sind so kleine Ohren, scharf und ihr erlaubt. Darf man nie zubrüllen, werden davon taub. Sind so schöne Münder, sprechen alles aus. Darf man nie verbieten, kommt sonst nichts mehr 'raus.

3. Sind so klare Augen, die noch alles sehn, darf man nie verbinden, könn' sie nichts verstehn. Sind so kleine Seelen, offen und ganz frei. Darf man niemals quälen, gehn kaputt dabei.

4. Ist so'n kleines Rückgrat, sieht man fast noch nicht. Darf man niemals beugen, weil es sonst zerbricht. Grade, klare Menschen wär'n ein schönes Ziel. Leute ohne Rückgrat hab'n wir schon zuviel.

Worte und Melodie: Bettina Wegner

Anar Musikverlag Bettina Schlesinger, Berlin

In Strophe 3 und 4 vertauscht Bettina Wegner die beiden Hälften der Melodie, sie beginnt also mit den letzten acht Takten.

Freude

2. Ich denke, was ich will und was mich beglücket, doch alles in der Still, und wie es sich schicket. Mein Wunsch und Begehren kann niemand verwehren, es bleibet dabei: die Gedanken sind frei!
3. Ich liebe den Wein, mein Mädchen vor allen, sie tut mir allein am besten gefallen. Ich bin nicht alleine bei meinem Glas Weine, mein Mädchen dabei: die Gedanken sind frei!
4. Und sperrt man mich ein im finsteren Kerker, das alles sind rein vergebliche Werke; denn meine Gedanken zerreißen die Schranken und Mauern entzwei: die Gedanken sind frei!
5. Drum will ich auf immer den Sorgen entsagen und will mich auch nimmer mit Grillen mehr plagen. Man kann ja im Herzen stets lachen und scherzen und denken dabei: die Gedanken sind frei!

Wann wir schreiten Seit an Seit

2. Einer Woche Hammerschlag, einer Woche Häuserquadern zittern noch in unsern Adern, aber keiner wagt zu hadern. |: Herrlich lacht der Sonnentag. :|
3. Birkengrün und Saatengrün: wie mit bittender Gebärde hält die alte Mutter Erde, daß der Mensch ihr eigen werde, |: ihm die vollen Hände hin. :|
4. Strophe wie Strophe 1

Worte: Hermann Claudius, 1915 · Melodie: Michael Englert, 1916
Friedrich Hofmeister Musikverlag Leipzig

Freiheit, die ich meine

2. Auch bei grünen Bäumen in dem lust'gen Wald, unter Blütenträumen ist dein Aufenthalt. Ach, das ist ein Leben, wenn es weht und klingt, wenn dein stilles Weben wonnig uns durchdringt!

Worte: Max v. Schenkendorf · Melodie: Karl Gross

Shalom chaverim

Kanon für 3 Stimmen

Im Frieden, lieber Freund, im Frieden, lieber Freund, im Frieden! Laß uns wiedersehn, laß uns wiedersehn im Frieden!

Aus Israel

Das Lied der Deutschen

1. Deutschland, Deutschland über alles, über alles in der Welt! Wenn es stets zu Schutz und Trutze brüderlich zusammenhält, von der Maas bis an die Memel, von der Etsch bis an den Belt. Deutschland, Deutschland über alles, über alles in der Welt!

2. Deutsche Frauen, deutsche Treue, deutscher Wein und deutscher Sang sollen in der Welt behalten ihren alten schönen Klang, uns zu edler Tat begeistern unser ganzes Leben lang. Deutsche Frauen, deutsche Treue, deutscher Wein und deutscher Sang!

Worte: Heinrich Hoffmann von Fallersleben (1798–1874), 1841 · Melodie: Joseph Haydn (1732–1809), 1797

Die hier an die erste Stelle gesetzte 3. Strophe des „Deutschlandliedes" wird als Nationalhymne der Bundesrepublik Deutschland bei offiziellen Anlässen gesungen.

Brüder, reicht die Hand zum Bunde

Feierlich

2. Preis und Dank dem Weltenmeister, der die Herzen, der die Geister für ein ewig Wirken schuf! Licht und Recht und Tugend schaffen durch der Wahrheit heil'ge Waffen |: sei uns göttlicher Beruf. :|

3. Ihr, auf diesem Stern die Besten, ob in Hütten, in Palästen, bleibt der höchsten Güter Hort: Wahrheit suchen, Tugend üben, alle Menschen herzlich lieben, |: das sei unser Losungswort. :|

Musik: Wolfgang Amadeus Mozart (1756–1791)

Heimat und Wandern

Kein schöner Land

2. Da haben wir so manche Stund gesessen all in froher Rund |: und taten singen, die Lieder klingen im Eichengrund. :|

3. Daß wir uns hier in diesem Tal noch treffen so viel hundertmal: |: Gott mag es schenken, Gott mag es lenken, er hat die Gnad. :|

4. Jetzt, Brüder, eine gute Nacht, der Herr im hohen Himmel wacht, |: in seiner Güte uns zu behüten ist er bedacht. :|

Worte und Melodie: Wilhelm von Zuccalmaglio (1803–1869)

Wenn jemand eine Reise tut

Kanon für 3 Stimmen

Musik: Ludwig Matthies nach der Melodie von Carl Friedrich Zöllner

Im schönsten Wiesengrunde

2. Muß aus dem Tal jetzt scheiden, wo alles Lust und Klang; das ist mein herbstes Leiden, mein letzter Gang. Dich, mein stilles Tal, grüß ich tausendmal! Das ist mein herbstes Leiden, mein letzter Gang.

3. Sterb ich, in Tales Grunde will ich begraben sein; singt mir zur letzten Stunde beim Abendschein: Dir, o stilles Tal, Gruß zum letztenmal! Singt mir zur letzten Stunde beim Abendschein.

Worte: Wilhelm Ganzhorn, um 1850 · Volksweise

Schön ist die Welt

2. Wir sind nicht stolz, wir brauchen keine Pferde, die uns von dannen ziehn.

3. Wir steig'n hinauf auf Berge und auf Hügel, wo uns die Sonne sticht.

4. Wir laben uns an jeder Wasserquelle, wo frisches Wasser fließt.

5. Wir reisen fort von einer Stadt zur andern, wo uns die Luft gefällt.

Volkslied · Satz: Andreas Unterumsberger

Wer recht in Freuden wandern will

2. Die ganze Welt ist wie ein Buch, darin uns aufgeschrieben in bunten Zeilen manch ein Spruch, wie Gott uns treu geblieben. Wald und Blumen, nah und fern, und der helle Morgenstern sind Zeugen von seinem Lieben.

3. Da zieht die Andacht wie ein Hauch durch alle Stimmen leise, da pocht ans Herz die Liebe auch in ihrer stillen Weise, pocht und pocht, bis sich's erschließt und die Lippe überfließt von lautem, jubelndem Preise.

4. Und plötzlich läßt die Nachtigall im Busch ihr Lied erklingen, in Berg und Tal erwacht der Schall und will sich aufwärts schwingen, und der Morgenröte Schein stimmt in lichter Glut mit ein: Laßt uns dem Herrn lobsingen!

Worte: Emanuel Geibel · Melodie: Gustav Klauer

Der Lindenbaum

2. Ich mußt auch heute wandern vorbei in tiefer Nacht, da hab ich noch im Dunkel die Augen zugemacht. Und seine Zweige rauschten, als riefen sie mir zu: Komm her zu mir, Geselle, |: hier findst du deine Ruh! :|

3. Die kalten Winde bliesen mir grad ins Angesicht; der Hut flog mir vom Kopfe, ich wendete mich nicht. Nun bin ich manche Stunde entfernt von jenem Ort, und immer hör ich's rauschen: |: du fändest Ruhe dort! :|

Worte: Wilhelm Müller (1794 – 1827), 1822 · Volksweise nach Franz Schubert (1797 – 1828)

„Der Lindenbaum“ ist aus Franz Schuberts gleichnamigem Kunstlied (begleitetem Sololied) entstanden. Dieses gehört zu dem Liederzyklus „Winterreise“.

Auf, du junger Wandersmann

2. An dem schönen Donaufluß findet man ja seine Lust und seine Freud' auf grüner Heid', wo die Vöglein lieblich singen und die Hirschlein fröhlich springen; dann kommt man vor eine Stadt, wo man gute Arbeit hat.

3. Mancher hinterm Ofen sitzt und gar fein die Ohren spitzt, kein Stund vors Haus ist kommen 'raus. Den soll man als G'sell erkennen oder gar ein' Meister nennen, der noch nirgends ist gewest, nur gesessen in sein'm Nest?

4. Mancher hat auf seiner Reis' ausgestanden Müh und Schweiß und Not und Pein; das muß so sein. Trägt's Felleisen auf dem Rücken, trägt es über tausend Brücken, bis er kommt nach Innsbruck 'rein, wo man trinkt Tirolerwein!

5. Morgens, wenn der Tag angeht und die Sonn am Himmel steht so herrlich rot wie Milch und Blut; auf, ihr Brüder, laßt uns reisen, unserm Herrgott Dank erweisen für die fröhlich Wanderzeit, hier und in der Ewigkeit.

All mein Glück und Freud

2. Wo vom Turm der Glockenklang mich gemahnt mein Lebtag lang, wo ins Dorf ein Kirchlein blickt, das mit Gold der Abend schmückt: Dort...

3. Wo der Bach mit heller Spur eilt durch meine Heimatflur, wo der Himmel sich im Teich widerspiegelt sternenreich: Dort...

4. Wo den schönsten Blumenflor sich die Wiese auserkor, wo auf unserm Erntefeld sich das Korn im Winde wellt: Dort...

5. Wo das Vaterhaus mir winkt, an die Brust ein Freund mir sinkt, wo ein Mädchen wohlbekannt schon zum Kranz die Raute band: Dort...

1. Hdźež so módrja, zelenja naše hory, hajnišća. Hdźež mje strowja zetkujo w znatym słowje krajenjo: Tam su moje wjesela, tam mje ćehnje, tam chcu ja.

2. Hdźež tam zwony na wěži lubje rěča k wutrobje, do wsy hlada cyrkwička, pozłoćana z wječorka: Tam...

3. Hdźež tam rěčka pluskoce přez te hona domowne, hdźež do hatka, do rěčki swěća jasne hwězdźički: Tam...

4. Hdźež tam kwětki pisane pyša łuki domjace, hdźež tam năse polo je, žito so tam zmawuje: Tam...

5. Hdźež mje wita narodny dom a towarš zradowny, hdźež tam znate holiča k wěncam rutu šćipaja: Tam...

Worte und Musik: Handrij Zejler · Nachdichtung: Kito Lorenc

Domowina-Verlag, Bautzen

Guter Rat

2. Des Himmels heitere Bläue lacht dir ins Herz hinein und schließt, wie Gottes Treue, mit seinem Dach dich ein.

3. Rings Blüten nur und Triebe und Halme, von Segen schwer, dir ist, als zöge die Liebe des Weges nebenher.

4. So heimisch alles klinget als wie im Vaterhaus, und über die Lerchen schwinget die Seele sich hinaus.

Worte: Theodor Fontane (1819–1898) · Musik: Gerhard Schäfer, 1961

Aus grauer Städte Mauern

2. Der Wald ist unsre Liebe, der Himmel unser Zelt, ob heiter oder trübe, wir fahren in die Welt.

3. Ein Heil dem schönen Walde, zu dem wir uns gesellt. Hell klingts durch Berg und Halde, wir fahren in die Welt.

4. Die Sommervögel ziehen schon über Wald und Feld. Da heißt es Abschied nehmen, wir fahren in die Welt.

Worte: 1.–3. Strophe Hans Riedel, 4. Strophe Hermann Löns · Melodie: Robert Götz
Voggenreiter Verlag Bad Godesberg

Der Steiger

2. Schon angezünd't, es gibt ein'n Schein; und hiermit fahren wir ins Bergwerk 'nein.

3. Ins Bergwerk 'nein, wo die Bergleut sein; graben das Silber aus Felsenstein.

4. Aus Felsenstein graben sie das Gold; dem schwarzbraun Mägdelein, dem sein sie hold.

Volkslied · Satz: Gerda Böhme-Bussard

Glück auf, Glück auf!

2. Schon angezünd't, es gibt ein'n Schein, |: und damit so fahren wir :||: ins Bergwerk 'nein. :|

3. Ins Bergwerk 'nein, wo Bergleut sein, |: und sie graben das Silber aus Felsenstein, :| |: aus Felsenstein. :|

4. Aus Felsenstein grab'n sie das Gold, |: und dem schwarzbraunen Mägdelein, :| |: dem sein sie hold. :|

Volkslied um 1700

Ich geh durch einen grasgrünen Wald

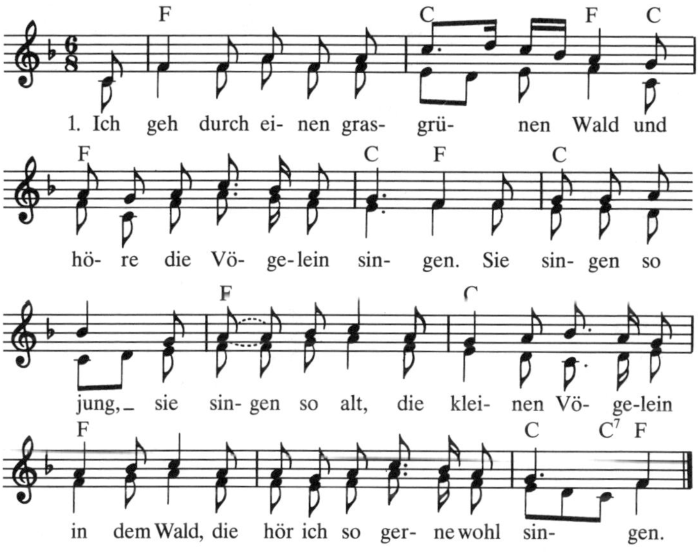

2. O sing nur, singe, Frau Nachtigall! Wer möchte dich, Sängerin, stören? Wie wonniglich klingt's im Wiederhall! Es lauschen die Blumen, die Vögel all und wollen die Nachtigall hören.

3. Nun muß ich wandern bergauf, bergab; die Nachtigall singt in der Ferne. Ich wandre so froh, so leicht am Stab, und wie ich schreite hinauf, hinab: die Nachtigall grüßt aus der Ferne.

Volkslied · 2. u. 3. Strophe nach H. Kletke · Satz: Hans Vogel

Der Schäfer am Feldrain

2. Hanka, sei frohgemut, |: Blondhaar, du holdes, :| |: ernte die Ährenflut in Garben Goldes. :|
3. Hanka, sei frohgemut, |: lächelnd nur zeig dich, :| |: bist auch ein Waisenblut, hast Brot du reichlich. :|
4. Hanka, sei frohgemut, |: Rose, du reine, :| |: blühst doch in sichrer Hut im Sonnenscheine. :|

1. Hanka, budź wjesoła, |: holičo rjane, :| |: runjež by njesyła zornješko žane. :|
2. Hanka, budź wjesoła, |: hładke maš włóski .:| |: Nakładuj do snopa złoćane kłóski! :|
3. Hanka, budź wjesoła, |: lubje so směješ. :| |: Syli tež syrotka, chlěba ty změješ. :|
4. Hanka, budź wjesoła, |: rjana ty róža! :| |: Blidko ći přikrywa wosrjedk a włóža. :|

Worte: Handrij Zejler · Nachdichtung: Kito Lorenc · Melodie: Korla Awgust Kocor
Domowina-Verlag, Bautzen

Im Walde, da wachsen die Beer'n

2. Im Walde, da wachsen die Schwämm, halli ... wenn's keine gibt, bleib'n mer dahem!

3. Im Walde, da gibt's lust'ge Leut', halli ... und Beeren und Schwämm such'n wir heut!

Volkslied aus Thüringen

Das Wandern ist des Müllers Lust

2. Vom Wasser haben wir's gelernt, vom Wasser. Das hat nicht Ruh' bei Tag und Nacht, ist stets auf Wanderschaft bedacht, das Wasser.

3. Das sehn wir auch den Rädern ab, den Rädern! Die gar nicht gerne stille stehn und sich bei Tag nicht müde drehn, die Räder.

4. Die Steine selbst, so schwer sie sind, die Steine, sie tanzen mit den muntern Reih'n und wollen gar noch schneller sein, die Steine.

5. O Wandern, Wandern, meine Lust, o Wandern! Herr Meister und Frau Meisterin, laßt mich in Frieden weiterziehn und wandern.

Worte: Wilhelm Müller (1794–1827) · Melodie: Carl Friedrich Zöllner, 1844

Es, es, es und es

2. Er, er, er un er, Herr Meister, leb er wohl! :| Ich sag's ihm grad frei ins Gesicht: seine Arbeit, die gefällt mir nicht. Ich will mein Glück probieren, marschieren.

3. Sie, sie, sie und sie, Frau Meist'rin, leb sie wohl! :| Ich sag's ihr grad frei ins Gesicht: ihr Speck und Kraut, das schmeckt mir nicht. Ich will mein Glück probieren, marschieren.

4. Er, er, er und er, Herr Wirt, nun leb er wohl! :| Hätt er die Kreid' nicht doppelt geschrieb'n, so wär ich noch länger dageblieb'n. Ich will mein Glück probieren, marschieren.

5. Ihr, ihr, ihr und ihr, ihr Jungfern, lebet wohl! :| Ich wünsch euch jetzt zu guter Letzt einen andern, der mein Stell ersetzt. Ich will mein Glück probieren, marschieren.

Ich komme schon durch manches Land

2. Ich hab gesehn gar manchen Herrn, avec que la marmotte, der hat die Jungfrau gar zu gern, avec que la marmotte …

3. Hab auch gesehn die Jungfer schön, avec que la marmotte, die täte nach mir Kleinem sehn, avec que la marmotte …

4. Nun laßt mich nicht so gehn, ihr Herrn, avec que la marmotte, die Burschen essen und trinken gern, avec que la marmotte …

La marmotte = Murmeltier

Worte: Johann Wolfgang von Goethe (1749–1832) · Melodie: Ludwig van Beethoven (1770–1827)

Mich brennt's in meinen Reiseschuhn

2. Es hebt das Dach sich von dem Haus, und die Kulissen rühren und strecken sich zum Himmel raus, |: Strom, Wälder musizieren! :|

3. Da gehn die einen müde fort, die andern nahn behende, das alte Stück, man spielt's so fort |: und kriegt es nie zu Ende. :|

4. Und keiner kennt den letzten Akt von allen, die da spielen, nur der da droben schlägt den Takt, |: weiß, wo das hin will zielen. :|

Worte: Joseph v. Eichendorff (1788–1857) · Melodie: Cesar Bresgen
Voggenreiter Verlag Bad Godesberg

Heute wollen wir das Ränzlein schnüren

2. Haben wir des Berges Höh' erklommen, schauen lachend wir ins Tal zurück: Lebet wohl, ihr engen, staub'gen Gassen, heute winkt uns der Scholaren Glück.

3. Unser ist des heil'gen Waldes Dunkel und der blühend Heide Scharlachkleid und des Kornes goldne, reife Wogen, all das Blühn und Werden weit und breit.

Volkslied · Melodie: nach Reinhold Schaad, 1884

Wenn die Arbeitszeit zu Ende

2. Hei, das ist ein fröhlich Wandern! Wiesen, Felder ziehn vorbei. Einer sagt es froh dem andern: Heute, Brüder, sind wir frei! Weit zurück liegt schon das Städtchen, und wir wandern leicht dahin, links die Burschen …

3. Singen, Spielen im Vereine, Rast in kühler Waldesruh. Und beim hellen Mondenscheine wandern wir der Heimat zu. Singend ziehn wir ein ins Städtchen, frei das Herz und leicht der Sinn, links die Burschen …

Worte: Jürgen Brand Melodie: Michael Englert 1914

Wir sind jung, die Welt ist offen

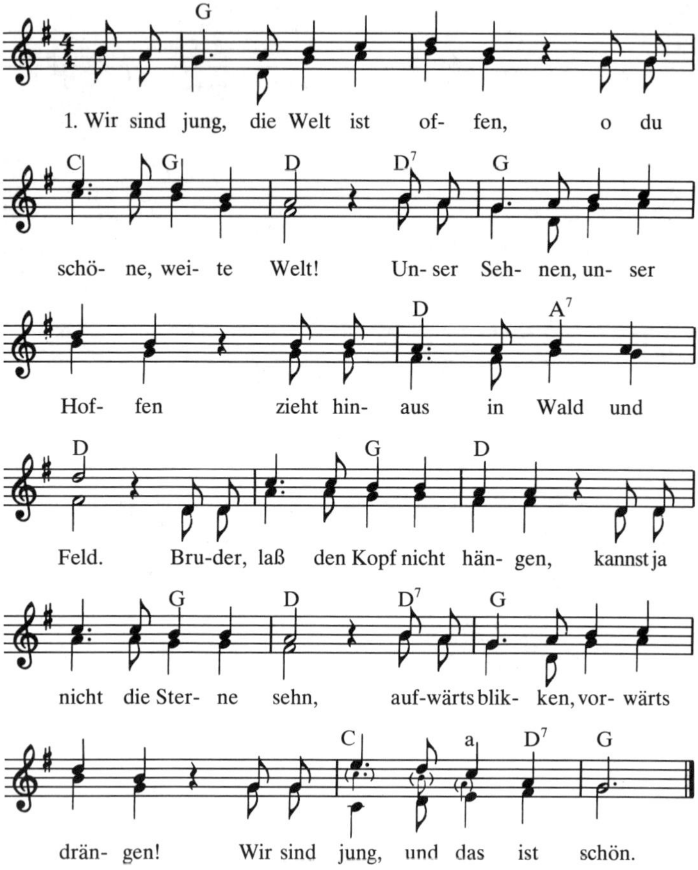

2. Liegt dort hinter jenem Walde nicht ein schönes, fernes Land? Blüht auf jener Bergeshalde nicht ein Blümlein unbekannt? Laßt uns wandern ohne Ende über Berge, über Höhn! Wo sich auch der Weg hinwende, wir sind jung, und das ist schön.

3. Auf denn, auf, die Sonne zeige uns den Weg durch Feld und Hain. Geht der Tag darauf zur Neige, leuchtet uns der Sternenschein. Bruder, schnall den Rucksack über, heute soll's ins Weite gehn. Regen, Wind, wir lachen drüber! Wir sind jung, und das ist schön.

Worte: Jürgen Brand · Melodie: Michael Englert

Friedrich Hofmeister Musikverlag Leipzig

Stand ein Birkenbaum

2. Niemand ging, sich unter ihm zu strecken, niemand schnitt von ihm sich einen Stecken. Ach ja, ja, sich einen Stecken.

3. Ei, so will ich auf das Feld denn gehen, will mal nach dem Birkenbaume sehen. Ach ja, ja, dem Baume sehen.

4. Laß drei Zweigelein von ihm mir schenken, mach drei Pfeifchen draus zum Angedenken. Ach ja, ja, zum Angedenken.

5. Aus 'nem vierten mach ich eine Fiedel, spielt der Bettelmann drauf seine Liedel. Ach ja, ja, drauf seine Liedel.

Russisches Volkslied

Posthorn

Kanon für 2 Stimmen

Märkische Heide

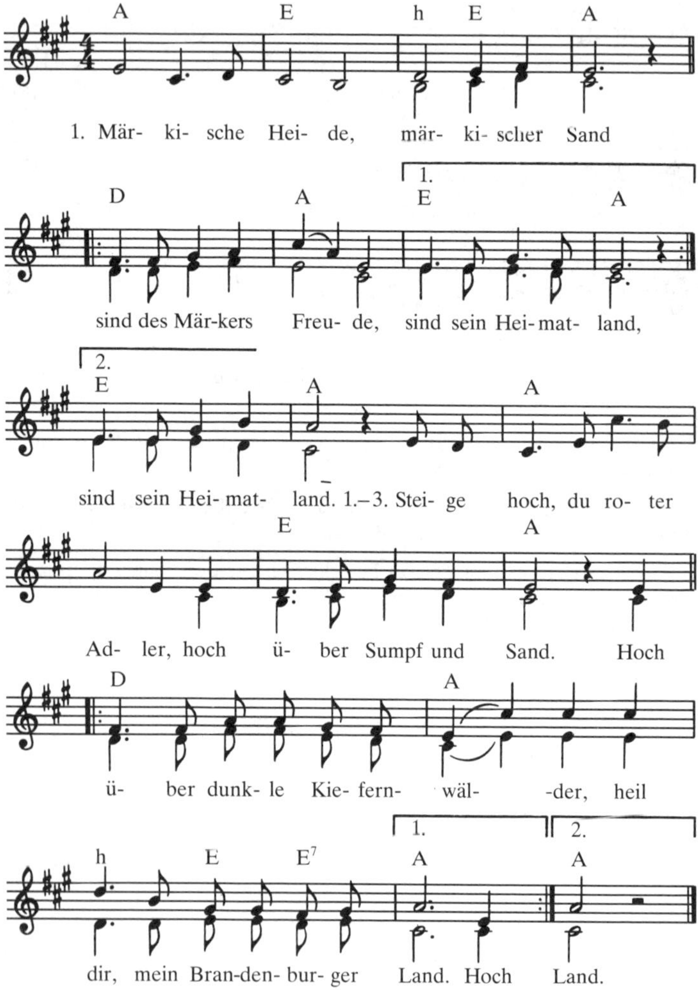

2. Uralte Eichen, dunkler Buchenhain. Grünende Birken stehn am Wiesenrain.

3. Bürger und Bauern vom märk'schen Geschlecht hielten stets zur Heimat in märk'scher Treue fest.

Worte und Musik: Gustav Büchsenschütz, 1923

Als wir jüngst in Regensburg waren

2. Und vom hohen Bergesschlosse kam auf stolzem, schwarzem Rosse adlig Fräulein Kunigund, wollt mitfahren über Strudels Grund.

3. „Schiffsmann, lieber Schiffsmann mein, soll's denn so gefährlich sein? Schiffsmann, sag mir's ehrlich, ist's denn wirklich so gefährlich?"

4. „Wem der Myrtenkranz geblieben, landet froh und sicher drüben; wer ihn hat verloren, ist dem Tod erkoren."

5. Als sie auf die Mitt gekommen, kam ein großer Nix geschwommen, nahm das Fräulein Kunigund, fuhr mit ihr in des Strudels Grund.

6. Und ein Mädel von zwölf Jahren ist mit ihr über den Strudel gefahren; weil sie noch nicht lieben kunnt, fuhr sie sicher über Strudels Grund.

Aus dem 18. Jh.

Wenn die bunten Fahnen wehen

2. Sonnenschein ist unsre Wonne, wie er lacht am lichten Tag! Doch es geht auch ohne Sonne, wenn sie mal nicht lachen mag. Blasen die Stürme, brausen die Wellen, singen wir mit dem Sturm unser Lied.

3. Wo die blauen Gipfel ragen, lockt so mancher steile Pfad. Immer vorwärts, ohne Zagen, bald sind wir dem Ziel genaht! Schneefelder blinken; schimmern von ferne her, Lande versinken im Wolkenmeer.

Worte und Melodie: Alfred Zschiesche

Drunten im Unterland

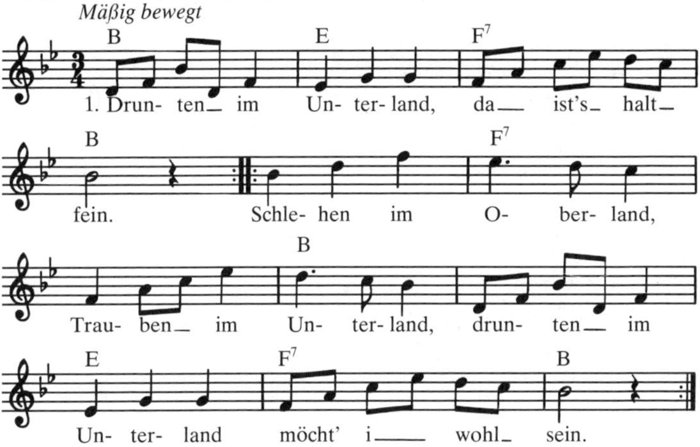

2. Drunten im Neckartal, da ist's halt gut. :| |: Ist mer's da oben 'rum manchmal au no so dumm, han i doch alleweil drunten guts Blut. :|

3. Kalt ist's im Oberland, drunten ist's warm. :| |: Oben sind d'Leut so reich, d'Herzen sind gar net weich, b'sehnt mi net freundlich an, werden net warm. :|

4. Aber da unten 'rum,da sind d'Leut arm, :| |: aber so froh und frei und in der Liebe treu; drum sind im Unterland d'Herzen so warm. :|

Worte: Gottlieb Weigle · schwäbische Tanzweise

Gesegn dich Laub

2. Ihr lieben Englein, steht mir bei, weil Leib und Seel beieinander sei, daß mir mein Herz nicht breche.

3. Gesegn dich Mond, gesegn dich Sonn, gesegndich Trautlieb, meine Wonn, da ich von hinnen fahre.

Volkslied aus dem 16. Jh.

Im Frühtau zu Berge

2. Ihr alten und hochweisen Leut, fallera, ihr denkt wohl, wir wären nicht gescheit, fallera. Wer wollte aber singen, wenn wir schon Grillen fingen in dieser herrlichen Frühlingszeit!

3. Werft ab alle Sorgen und Qual, fallera, und wandert mit uns aus dem Tal, fallera! Wir sind hinausgegangen, den Sonnenschein zu fangen: Kommt mit und versucht es auch selbst einmal!

Aus Schweden · Textfassung: Walther Hensel · Satz: Lothar Höchel

Bärenreiter-Verlag Kassel und Basel

Heut ist ein wunderschöner Tag

2. Ziehn nicht die Wolken so schön und leuchtend am Himmel entlang? |: Und über Wald und weite Höhn jubelt der Lerchen Gesang. :|

3. Uns sind die Herzen so frei wie den Lerchen hoch da droben. |: Und hell klingt unser Lied dabei, froh aller Sorgen enthoben. :|

Worte und Musik: Siegfried Köhler (Unterstimme: Lothar Höchel)

Friedrich Hofmeister Musikverlag Leipzig

Hoch auf dem gelben Wagen

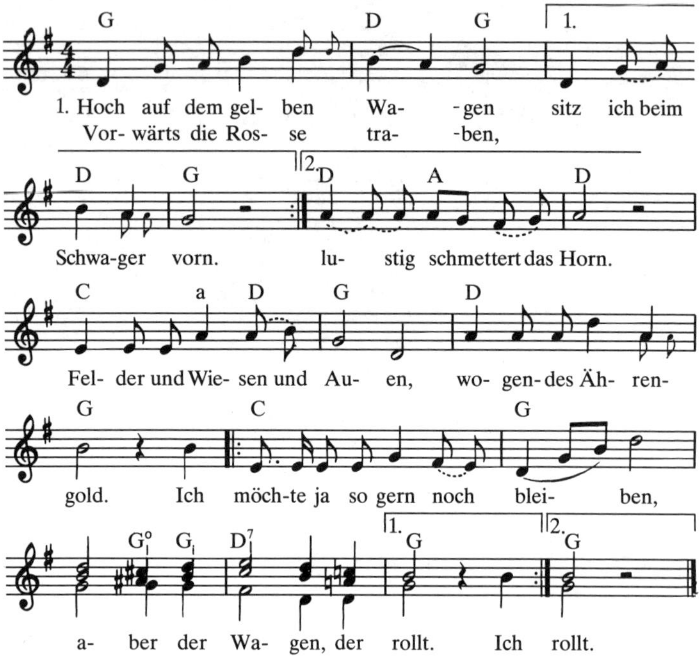

2. Postillion in der Schenke füttert die Rosse im Flug. Schäumendes Gerstengetränke reicht mir der Wirt im Krug. Hinter den Fensterscheiben lacht ein Gesicht so hold. |: Ich möchte ja so gerne noch bleiben, aber der Wagen, der rollt. :|

3. Flöten hör ich und Geigen, lustiges Baßgebrumm. Junges Volk im Reigen tanzt um die Linde herum, wirbelt wie Blätter im Winde, jauchzet und lacht und tollt. |: Ich bliebe ja so gerne bei der Linde, aber der Wagen, der rollt. :|

4. Sitzt einmal ein Gerippe dort bei dem Schwager vorn, schwenkt statt der Peitsche die Hippe, Stundenglas statt des Horns, sag ich: Ade nun, ihr Lieben, die ihr nicht mitfahren wollt. |: Ich wäre ja so gern noch geblieben, aber der Wagen, der rollt. :|

Worte: Rudolf Baumbach · Melodie: Heinz Höhne

Old Folks at Home

2. All round the little farm I wandered when I was young, then many happy days I squandered, many the songs I sung. When I was playing with my brother happy was I. Oh, take me to my kind old mother, there let me live and die.

3. One little hut among the bushes, one that I love, still sadly to my mem'ry rushes, no matter where I rove. When will I see the bees a-humming, all round the comb? When will I hear the banjo tumming down in my good old home?

Worte und Melodie: Stephen C. Foster

Wer will mit uns nach Island gehn

2. Auf, auf, ihr fröhlichen Fischersleut, zum Tanze mit Behagen, ohne Kummer, ohne Klagen! Es kommt die Zeit, es kommt die Zeit, wir fahren übers Meer; wie sind uns noch die Beine vom Tanzen so schwer.

3. Wenn dann der Wind von Osten weht, der Steuermann am Steuer steht und lenkt des Schiffleins Ruder; dann fahren wir, dann fahren wir nach Bredefjord[1], dort werfen wir, dort werfen wir die Angeln über Bord.

[1] Breidi Fjord in Island (gekürzt)

Flämisches Volkslied · Nachdichtung: Walther Hensel

Come, Follow Me

Kanon für 3 Stimmen

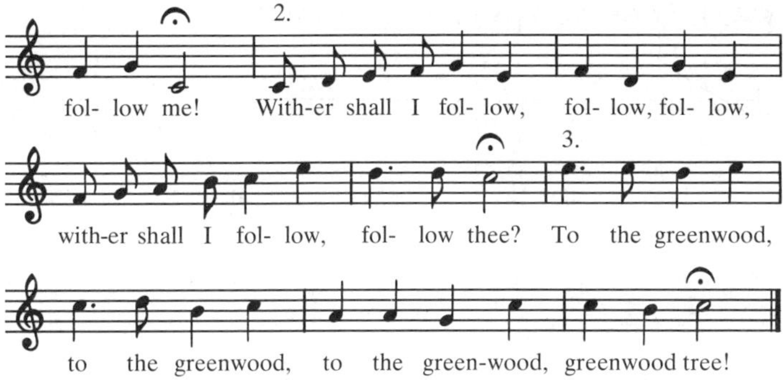

Nach John Hilton (1599–1657)

Al lado de mi cabaña

2. A penas sale la aurora y en la montaña se oyen cantar |: pastores al son de gaita, leré, que gime en brazos, leré, de algún gañán. :|

Ein Bauer besingt sein Glück: Er hat eine Hütte, einen Garten, einen Meerkirschenbaum und hört von den Bergen Singen und den Dudelsack.

Aus Spanien

Wohlauf in Gottes schöne Welt

2. An meinem Wege fließt der Bach, lebe wohl, ade! Der ruft den letzten Gruß mir nach, lebe wohl, ade! Wie fremd wird all um mich das Land, hier war's, da ich dein Herze fand, la … und soll nun fort von dir.

3. Ein Gruß von dir, du schönes Kind, lebe wohl, ade! Doch nun den Berg hinab geschwind, lebe wohl, ade! Wer wandern will, der darf nicht stehn, der darf niemals nach hinten sehn, la … muß immer weiter gehn.

4. Du traute Stadt am Bergeshang, lebe wohl, ade! Du hoher Turm, du Glockenklang, lebe wohl, ade! Ihr Häuser alle wohl bekannt, noch einmal wink ich mit der Hand, la … und nun ins weite Land.

Worte: Julius Rodenberg · Melodie: volkstümlich

In geselliger Runde

Viva la musica

Kanon für 3 Stimmen

Michael Praetorius (1571–1621)

Wo man singt

Kanon für 3 Stimmen

Worte und Musik: Christian Lange unter Benutzung einer überlieferten Liedmelodie

Kleines Kanonquodlibet

Kanons für 2 bis 4 Stimmen

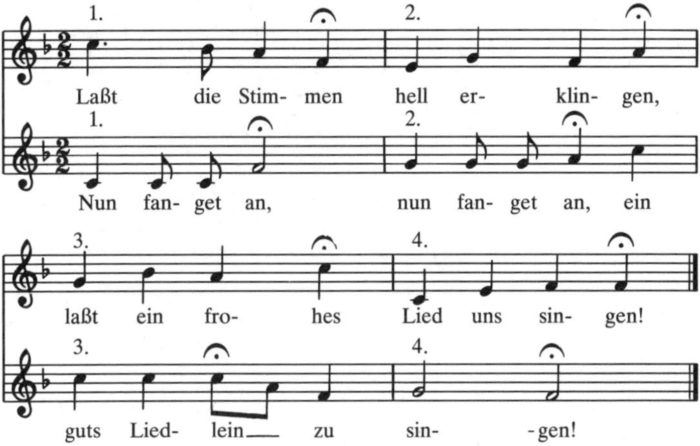

Laßt die Stimmen: mündlich überliefert · Nun fanget an: Worte: Hans Leo Haßler, Melodie: Horst Irrgang

Das Orchester

Quodlibet

Worte und Musik: Willi Geisler

Voggenreiter Verlag Bad Godesberg

Waldkonzert

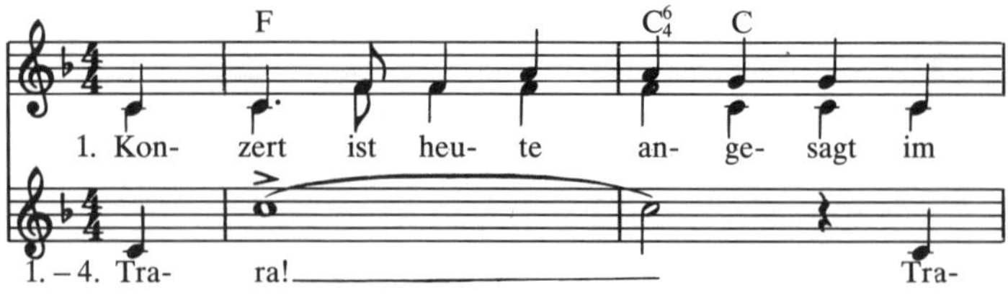

2. Frau Nachtigall, die Sängerin, die singt so hell und zart, |: und der Herr Hänfling bläst dazu die Flöt' nach bester Art. :| Die Drossel spielt die Klarinett', der Rab', der alte Mann, streicht den verstimmten Kontrabaß, so gut er streichen kann.

3. Der Kuckuck schlägt die Trommel gut, die Lerche steigt empor |: und schmettert mit Trompetenklang voll Jubel in den Chor! :| Verwundert hören Has' und Reh das Fiedeln und das Schrei'n, und Biene, Mück' und Käferlein, die stimmen surrend ein.

4. Das jubiliert und musiziert, das schmettert und das schallt! |: Das geigt und singt und pfeift und klingt im frischen, grünen Wald! :|

Worte: G. Christian Dieffenbach · Musik: Horst Berner

Stimmt alle mit uns ein

Kanon für 3 Stimmen

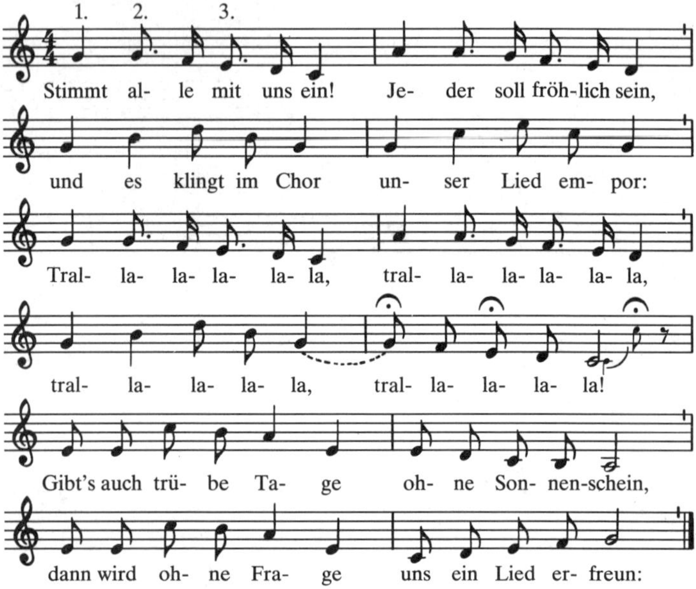

Worte und Musik: Christian Lange

Ho, unser Maat

2. |: Wie bringen wir ihn wieder auf die Beine :| morgens in der Frühe?

3. |: Gebt ihm doch einen Eimer kaltes Wasser :| morgens in der Frühe!

4. |: Klatsch! Dieser Guß, der macht ihn wieder munter :| morgens in der Frühe.

1. What shall we do with a drunken sailor :| early in the morning? 1.–5. |: Hurray, and up she rises :| early early in the morning!

2. Take him and shake him and try to awake him :| early in the morning.

3. Put out the plug and wet him all over :| early in the morning.

4. Put him in the long boat till he's sober :| early in the morning.

Shanty (Seemannslied) aus England · Nachdichtung: mündlich überliefert · Satz Siegfried Stolte

Ein Mann, der sich Kolumbus nannt

2. Als er den Morgenkaffee trank, da rief er fröhlich: „Gott sei Dank!“ Denn schnell kam mit der ersten Tram der spansche König bei ihm an.
3. „Kolumbus“, sprach er, „lieber Mann“, „du hast schon manche Tat getan!“ „Eins fehlt noch, unsrer Gloria: Entdecke mir Amerika!“
4. Gesagt, getan, ein Mann, ein Wort, am selben Tag fuhr er noch fort. Und eines Morgens schrie er: „Land! Wie deucht mir alles so bekannt.“
5. Das Volk an Land stand stumm und zag. Da sagt Kolumbus: „Guten Tag! „Ist hier vielleicht Amerika?“ Da schrien die Indianer: „Ja!“
6. Die Indianer war’n erschreckt, und schrien all: „Wir sind entdeckt!“ Der Häuptling rief ihn: „Lieber Mann, alsdann bist du Kolumbus dann!“

Clementine

2. Light she was and like a fairy, and her shoes were number nine. Herring boxes without topses sandals were for Clementine.
3. Drove she ducklings to the water every morning just at nine, struck her foot against a splinter, fell into the foaming brine.
4. Rosy lips above the water, blowing bubbles mighty fine, but, alas, I was no swimmer, so I lost my Clementine.
5. In my dreams she still does haunt me dressed in garments soaked in brine. Though in life I used to hug her, now she's dead I draw the line.
6. How I missed her, how I missed her, how I missed my Clementine, till I kissed her little sister and forgot my Clementine.

Volkstümliches Lied aus den USA

Lowlands

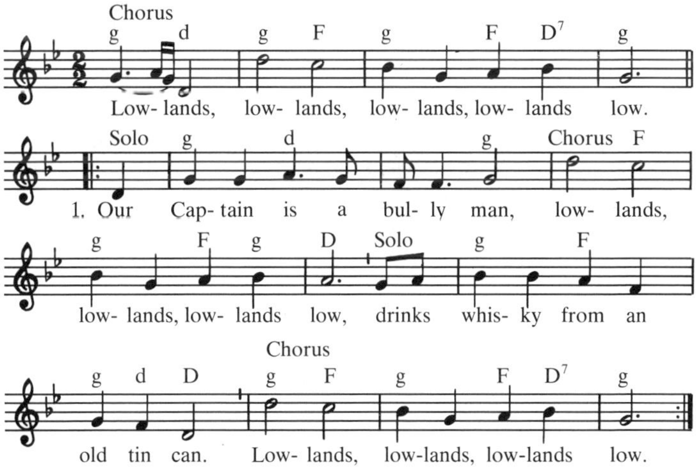

2. The whisky makes him pawn his clothes, the whisky gives him his red nose.
3. Oh whisky here and whisky there, oh he has whisky everywhere.

Pulling-Shanty

Heißa, Kathreinele

2. Dreh wie ein Rädele flink dich im Tanz! Fliegen die Zöpfele, wirbelt der Kranz. Didl, dudl, dadl, schrum, schrum, schrum, lustig im Kreis herum. Dreh dich, mein Mädel, im festlichen Glanz.

3. Heute heißt's lustig sein, morgen ist's aus. Sinket der Lichter Schein, gehn wir nach Haus. Didl, dudl, dadl, schrum, schrum, schrum, morgen mit viel Gebrumm fegt die Frau Wirtin den Tanzboden aus.

Volkslied · Worte: in Klemens Neumanns „Spielmann", 1928 · Melodie: in Jean Baptiste Weckerlins „Chansons populaires de l'Alsace" II, 1883 · Satz: Fritz Bachmann

Bauerntanz

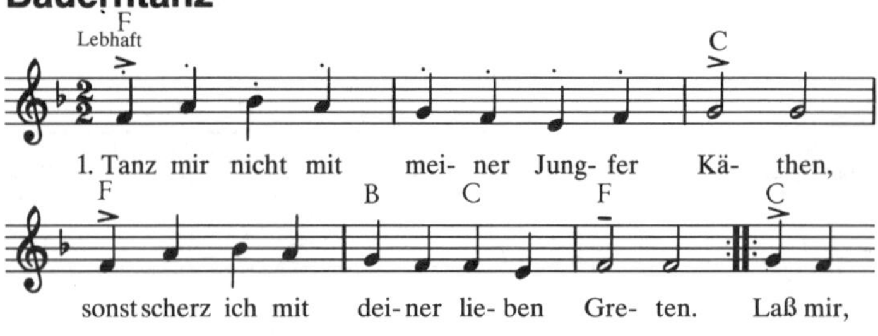

2. |: „Scherz du nur mit meiner lieben Greten, so tanz ich jetzund mit Jungfer Käthen, :| führe sie die Läng und Quer, auf und nieder, hin und her. Scherz du nur mit meiner lieben Greten!“

3. |: Herz nur ja nicht meine Jungfer Käthen! Sonst komm ich zu deiner lieben Greten. :| Eins ums ander, nichts umsonst. Willst du haben meine Gunst, herz mir ja nicht meine Jungfer Käthen!

4. |:„Kommst du mir zu meiner lieben Greten, so herz ich dir deine Jungfer Käthen. :| Sei zufrieden, laß geschehn! Will mit dir auch übersehn, kommst du mir zu meiner lieben Greten!“

Volkslied aus dem 16. Jh.

To i hola

2. Bin ich arm, ohne Geld, nehm ich doch nicht jeden. Will er mich, muß er erst mit der Mutter reden.

3. Sagt man mir, ich sei stolz, ist das glatt gelogen. Hat mich doch Mütterchen ordentlich erzogen.

4. Mägdelein, blond und fein, du kannst mir gefallen. Wähle dich gleich für mich von den Mädchen allen.

Polnisches Volkslied · Nachdichtung: Marianne Graefe

Zum Tanze, da geht ein Mädel

2. |: Mein herzallerliebstes Mädel, so laß mich doch los! :| |: Ich lauf dir gewiß auch, gewiß nicht davon. :|

3. |: Kaum löset die schöne Jungfer das güldene Band, :| |: da war in den Wald schon der Bursche gerannt. :|

4. |: Drum haltet die jungen Burschen so fest, wie es geht, :| |: sie nehmen sonst Reißaus, eh' ihr euch's verseht. :|

Aus Schweden · Satz: Rüdiger Sell

Drei junge Trommler

2. Der jüngste trug im Munde eine Rose.
3. Des Königs Tochter schaut' aus ihrem Fenster.
4. „Junger Tambour, ach, schenk mir deine Rose!"
5. „Ich schenk sie Euch, schenkt Ihr mir Euer Herze."
6. „Junger Tambour, so fragt doch meinen Vater!"
7. „König und Herr, ach, gebt mir Eure Tochter!"
8. „Junger Tambour, was hast du denn zu bieten?"
9. „Drei stolze Schiffe nenne ich mein eigen."
10. „Eins ist voll Gold, das andere voll Silber."
11. „Im dritten Schiff fahr ich mein Lieb spazieren."
12. „Junger Tambour, kannst meine Tochter haben!"
13. „König und Herr, ich danke und verzichte!"
14. „Bei uns zu Haus, da gibt's viel schönre Mädchen!"

Französische Volksweise · deutsche Textfassung: Frank Lutter, Rüdiger Sell

Tancuj

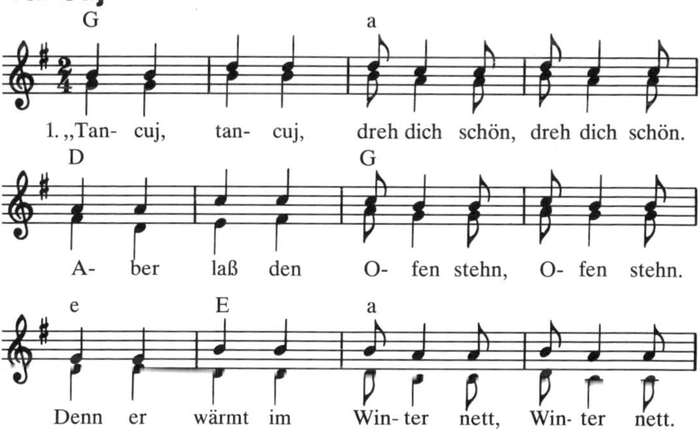

2. „Ich geb der Zigeunerin, -geunerin meine schönsten Hemden hin, Hemden hin. Denn ich wünsch mir allzusehr, allzusehr einen jungen Burschen her, Burschen her!“

3. „Gleich fang ich zu zaubern an, zaubern an, gibst du noch fünf Groschen dran, Groschen dran, zaubre einen Burschen fein, Burschen fein, er wird wie aus Blüten sein, Blüten sein.“

Tschechisches Volkslied · Nachdichtung: Günter Olias · Satz: Siegfried Stolte

Sur le pont d’Avignon

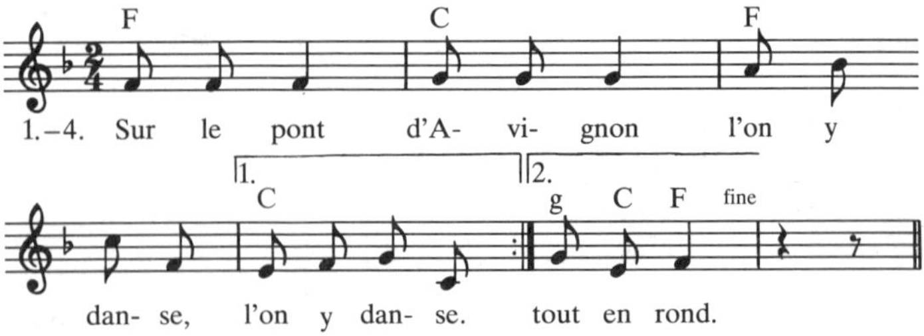

2. Les belles dam's font comme ci, et puis encore comme ça.

3. Et les soldats font comme ci, et puis encore comme ça.

4. Les musiciens font comme ci, et puis encore comme ça.

Übersetzung

1. Auf der Brücke von Avignon tanzt man immer rundherum. Die schönen Herren tanzen einmal so und einmal so.

2. Die schönen Damen tanzen einmal so…

3. Und die Soldaten tanzen einmal…

4. Die Musikanten tanzen einmal…

Französisches Volkslied

Kuckuck

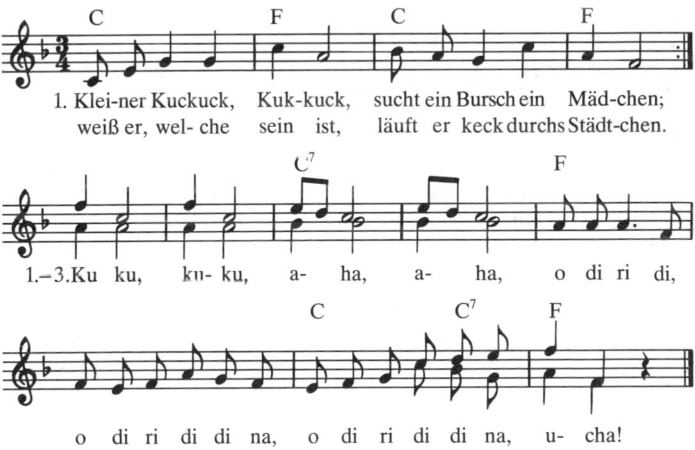

2. Nun, ihr Jungen, sagt mir, wollt wohl reich erscheinen? Kommt einher im Samtrock und habt nur den einen.

3. Kleiner Kuckuck, Kuckuck, möcht mein Herz verschenken, aber dumm ist, so dumm, wer's mit Geld will lenken.

Polnische Volksweise · Nachdichtung: Paul Wiens

Burschen aus Mystrina

2. |: Burschen, die stark sind wie Pilsner Bier, zittern vor keinem, auch nicht vor dir. :| Prahlt ein Prahlhans, schlagen sie ihn windelweich, werfen ihn in hohem Bogen in den Teich, lachen, und weg sind sie, wünschen ihm recht viel Glück, laufen die Wiesen zum Dorf zurück.

3. |: „Ännchen mein, halte ein, huste nicht! Reg dich nicht, bitte dich, tu es nicht! :| Finden uns die Burschen hier nicht, dich und mich, hab ich dich und küß ich dich und singe ich, sing ich und tanze ich. Alle im Dorfkrug sehn Mädchen, dich, Liebste, dich, klug und schön.“

Slowakisches Volkslied · Nachdichtung: Erwin Burkert

Karolinka

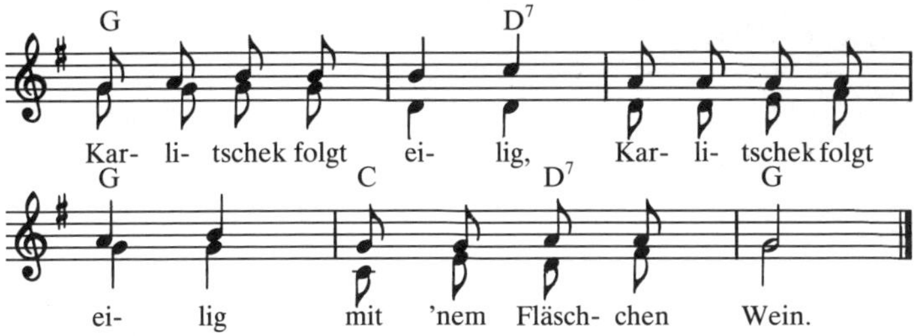

2. |: Gogolin entgegen wendet sie den Blick. :|: Nach dem hübschen Burschen :| schaut sie nicht zurück.

3. |: Liebes Weglein, führ mich in die weite Welt, :|: führ mich zu dem Burschen, :| der mir sehr gefällt.

4. |: „Laufe mir nicht nach, du, sag's dir jeden Tag, :|: sag's dir immer wieder, :| daß ich dich nicht mag."

5. |: „Komm nach Hause, Mädchen, Gäste warten dort!" :|:„Bin schon auf der Brücke, :| bin zu weit schon fort."

6. |: „Warum gehst du von mir? Was hab ich getan?" :|:„Das will ich nicht sagen, :| das geht dich nichts an!"

Polnisches Volkslied · Nachdichtung: Marianne Graefe

Mikita

2. Mücklein hat die flinksten Beine, tanzt noch spät im Mondenscheine.

3. Mika bläst aus vollen Lungen, Brummbär hat den Baß gesungen.

4. Spielmann, schau uns nicht so bös an! Hast wohl länger keinen Spaß dran.

5. Hör nun auf, pack deinen Ranzen, willst ja schließlich auch mal tanzen. |: Spring mit uns! Tanz wie wir! Mikita, wir danken dir! :|

Volkslied aus Rußland · Nachdichtung: Heidi Kirmße

Bela Bimba

Aus Italien · deutsche Textfassung: Siegfried Spring

Alouette

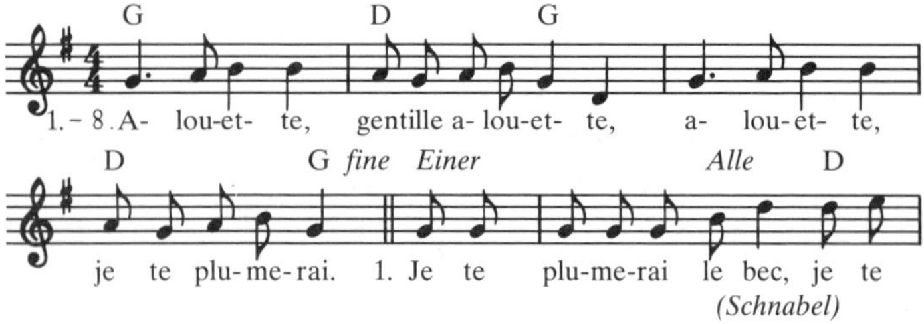

2. ... Je te plumerai les yeux *(Augen)*! Et les yeux, et les yeux, et le bec, et le bec, Alouette, Alouette. Ah! 3. ... la tête *(Kopf)* ... 4. ... le cou *(Hals)* ... 5. ... les ailes *(Flügel)* ... 6. ... le dos *(Rücken)* ... 7. ... les pattes *(Füße)* ... 8. ... la queue *(Schwanz)* ...

Tanzlied aus Ponitzy

2. Pfeift und laßt uns leben, will zwei Groschen geben, Wirt, nimm einen in die Hand! Einen kriegt der Musikant. 3. Zicklein auf dem Rasen, dein Fell mußt heut lassen, ist das Zicklein nimmer ganz, spielt der Dudelsack zum Tanz.

Slowakisches Volkslied

Ungarisches Stundenlied

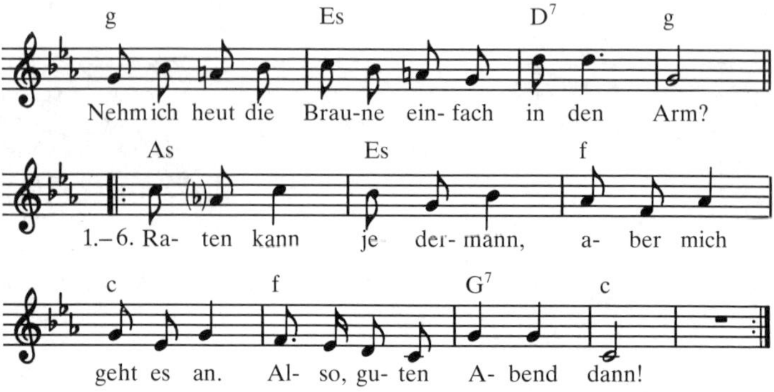

2. Achtmal hat die Uhr geschlagen, wie ich hör. Ob ich wohl die Braune bei der Arbeit stör?

3. Neunmal hat die Uhr geschlagen, 's dunkelt schon. Keine Lampe brennt, ich höre keinen Ton.

4. Zehnmal hat die Uhr geschlagen, wird schon Nacht. Was sie mit dem andern wohl beim Tanzen macht?

5. Elfmal hat die Uhr geschlagen, 's ist schon spät. Wer wohl mit der Braunen jetzt nach Hause geht?

6. Zwölfmal hat die Uhr geschlagen, 's wird so kalt. Wenn das Herz sehr weh tut, heilt es nicht so bald.

Worte: Gisela Steineckert · Melodie: nach einem ungarischen Csárdás

Frère Jacques

Kanon für 4 Stimmen

Deutsch:
Meister Jakob! Meister Jakob, schläfst du noch, schläfst du noch? Hörst du nicht die Glocken, hörst du nicht die Glocken: ding dong dang, ding dong dang.

Englisch:
Are you sleeping? Are you sleeping, brother John, brother John? Morning bells are ringing, morning bells are ringing: ding dong dang, ding dong dang.

Russisch:
Братец Яков! Братец Яков, что ты спишь, что ты спишь? Колокол уж звонит, колокол уж звонит: дин дон дан, дин дон дан.

Aus Frankreich

Zagalillo

Ein junger Hirte wird gewarnt, nicht zu nah an das grüne „pámpiro" heranzugehen, es macht trunken. Wer ist trunkener? Melchor oder Gaspar, das ist die Frage.

Folklore aus Léon (Spanien)

Editorial Música moderna, Madrid

Auf der Kasanka

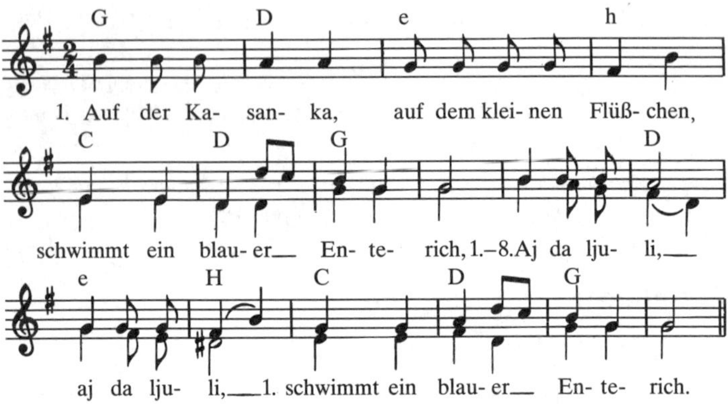

2. Und am hohen Ufer geht ein schmucker Bursche, spiegelt in dem Wasser sich.

3. Sieht die blonden Locken, seine Ringellocken, drunten in der Wasserflut.

4. Spricht zu seinen Locken: „Ei, ihr blonden Locken, sagt, wer kämmt euch sanft und gut?“

5. Kommt ein altes Weiblein, spricht: „Ich will sie kämmen!“ Zeigt auch gleich ihm, was sie kann.

6. Kämmt die blonden Locken, zerrt und zupft und zauset, hat ihm schrecklich weh getan.

7. Kommt ein schönes Mägdlein, spricht: „Ich will sie kämmen!“ Macht sich an die Locken sacht.

8. Zupft ihn nicht ein bißchen, kriegt dafür ein Küßchen. Ach, das hat ihr Spaß gemacht!

Russisches Volkslied · Satz: Lothar Höchel

Es Burebüble

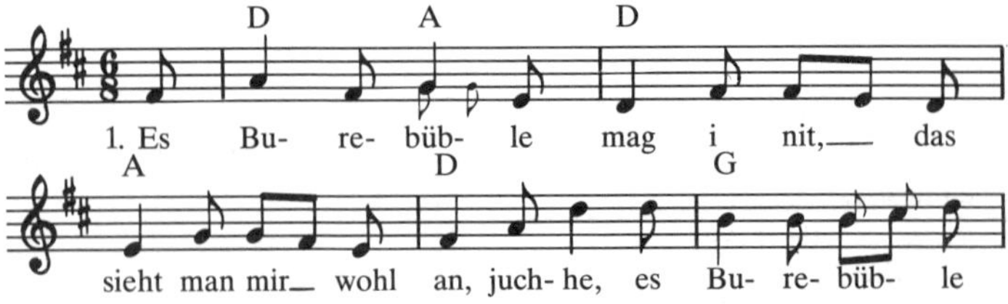

2. ’s muß einer sein gar hübsch und fein, darf keine Fehler han.

3. Und Herrebüble gibt’s ja nit, die keine Fehler han.

4. Drum bleib i ledig bis an den Tod, so hat die Lieb ein End.

Volkslied · Satz: Wilfried Behrendt

In einen Harung, jung und stramm

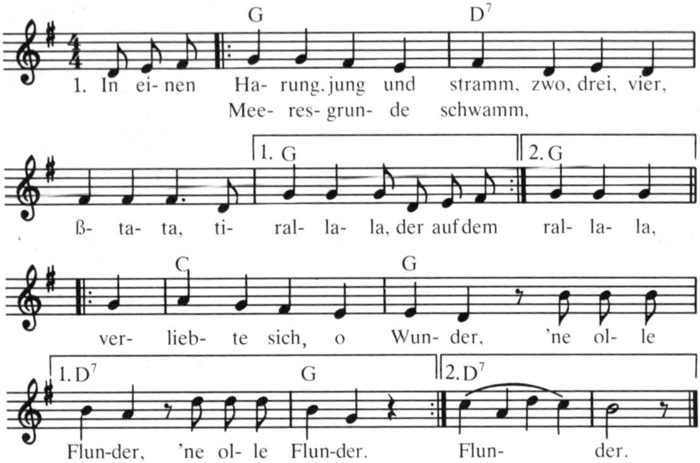

2. Der Harung sprach: „Du bist verrückt, du bist mir viel zu platt gedrückt. |: Rutsch mir den Buckel runter, du olle Flunder." :|

3. Da stieß die Flunder in den Sand, wo sie 'nen goldnen Rubel fand. |: ein Goldstück von zehn Rubel, o welch ein Jubel. :|

4. Da war die olle Schrulle reich, da nahm der Harung sie sogleich, |: denn so ein alter Harung, der hat Erfahrung. :|

5. Und die Moral von der Geschicht: Verlieb dich in 'nen Harung nicht, |: denn so ein alter Harung, der hat Erfahrung. :|

Wenn die Bettelleute tanzen

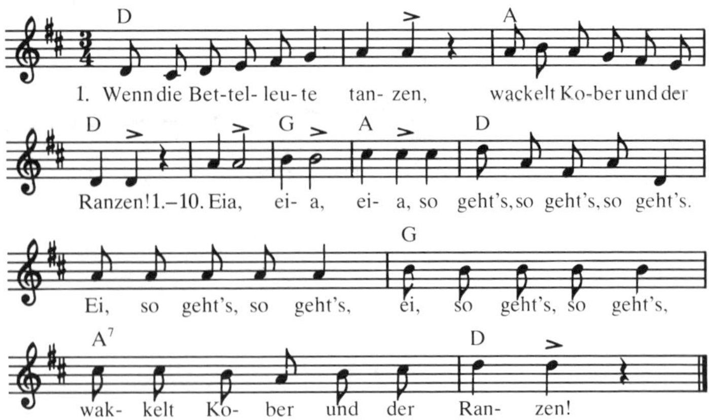

2. Kommt man über eine Brücke,
klappern sie mit Stock und Krücke.

3. Kommt ein Bauer vor die Türe,
stehen gleich ein Stücker viere.

4. Kommen sie nun in die Schänke,
spring'n sie über Tisch und Bänke.

5. Haben sie nun ausgesauset,
wird der Bettelsack verschmauset.

6. Eingemachte Kalbsgesichte
sind das erste Leibgerichte.

7. Dann stibitzte Vogeleier
mit sauren Gurken für zwei Dreier.

8. Für die Sechser und die Groschen
schnapsen drauf sie unverdrossen.

9. Nun wohlan, ihr Schwestern, Brüder!
Seid ihr satt, so legt euch nieder.

10. 's wird uns keiner etwas mausen,
morgen wolln wir wieder
schmausen.

Widele, wedele

Aus Schwaben

Onkel Paul wohnt auf dem Land

2. Seine Katze ist uns wohlbekannt, hia, hiaho. Und das „Miaumiau“ hier und das „Miaumiau“ da...

3. Seine Ente ist uns wohlbekannt, hia, hiaho. Und das „Quakquak“ hier und das „Quakquak“ da...

4. Sein Schaf, das ist uns wohlbekannt, hia, hiaho. Und das „Mähmäh“ hier und das „Mähmäh“ da...

5. Seine Kuh, die ist uns wohlbekannt, hia, hiaho. Und das „Muhmuh“ hier und das „Muhmuh“ da...

6. Sein Schwein, das ist uns wohlbekannt, hia, hiaho. Und das „Ch-ch“ hier und das „Ch-ch“ da...

[1] Nach der 2. bis 6. Strophe werden jeweils die letzten vier Takte aller vorherigen Strophen in umgekehrter Reihenfolge angehängt, so daß immer mit dem „Wuff-wuff“ geschlossen wird.

Englisches Volkslied · Textfassung: Ilse und Hans Naumilkat

Kennt ji all dat nije Leid

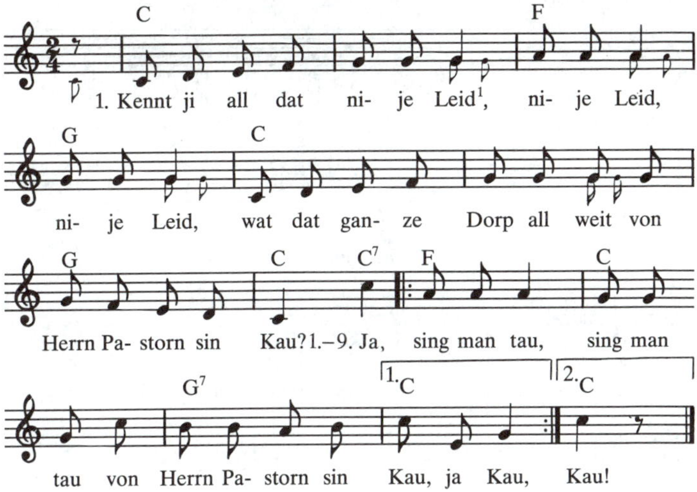

2. Ostern wör sei |: dick und drall, :| Pinksten leig se dot in Stall, uns Herrn Pastorn sin Kau.

3. As se wör in |: Stücken sneden, :| het dat ganze Dorp wat kregen von Herrn Pastorn sin Kau.

4. Jochen Steif, de |: Trainsuldat, :| kreig en Pott full Mulsalat von Herrn Pastorn sin Kau.

5. Un de Köster |: Dümelang :| kreig den Steert[2] as Klockenstrang von Herrn Pastorn sin Kau.

6. Un de nije |: Füerwehr :| kreig en Pott full Wagensmeer von Herrn Pastorn sin Kau.

7. Un de ole |: Stadtkapell :| kreig en nijes Trummelfell von Herrn Pastorn sin Kau.

8. De Seel, de steig den |: Hewen[3] tau, :| denn't wör jo ne Pastorenkau, uns Herrn Pastorn sin Kau.

9. Doch dat Leid is |: man ihrst half, :| denn im Stall steiht noch en Kalf von Herrn Pastorn sin Kau.

Und andere Strophen

[1] Leid = Lied [2] Steert = Schwanz [3] Hewen = Himmel

Volkslied

Und jetzt gang i an Peters Brünnele

2. Und der Adam hat die Liab erdacht und der Noah den Wein und der David den Zitherschlag, 's müssen Steira gewesen sein.

Volkslied · Satz: Gunther Erdmann

Hejo, Steuermann

2. Hejo, hejo, Steuermann, der Schiffsjung fängt zu lachen an! Hejo, hejo, Steuermann, kannst du deinen Kurs nicht halten! Und der Käpten flucht wie toll: Diese Wanze ist wie ein Faß so voll! Hejo, hejo, Steuermann, kannst du deinen Kurs nicht halten!

Aus den Niederlanden

Edition Eres, Lilienthal/Bremen

Der Eselstreiber

2. Will der Fuß ermatten, lockt ein kühler Schatten, halten wir unter Olivenbäumen Rast. Nur ein wenig nicken, in die Weite blicken, schon zieht sich leichter die schwere Karrenlast.

3. Fern im Dunst gelegen, kommt die Stadt entgegen, flimmert sie schon vor dem blassen, weiten Meer. Bis in ihre Mauern kann's nicht lange dauern, warm weht der Wind von der Küste zu uns her.

Aus Griechenland

Die Muschelschale

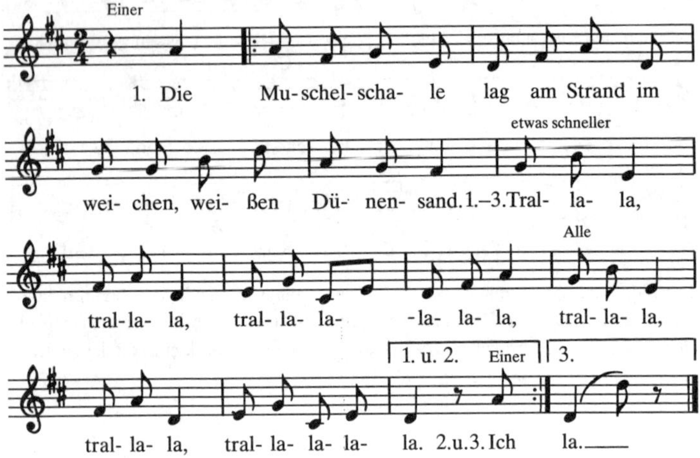

2. Ich gucke mir die Schale an, sie glänzt wie Elefantenzahn.
3. Ich nehme sie mir mit nach Haus und mache eine Kette draus.

Worte: Ina Ebert (9 Jahre) · Melodie: Manfred Schmitz

Vier Kanons und ein Lied

Quodlibet zu 5 Stimmen

(2.)
Lies. Ob er a- ber ü- ber Oberammergau
(2.)
wie- der, es spie- let__ der__ Hir- te auf
(2.)
wa- ren froh. Kommt der Bau- er gan- gen
(2.)
viel Kaffee! Nicht für Kinder ist der Tür- ken-trank,
sen. Als wir in die Stadt nein-ka- men, fing'n sie
o- der a- ber ü- ber Un- ter- am-mer- gau
(3.)
sei- ner__ Schal- mei: La
mit 'ner lan- gen Stan- -gen.
schwächt die Ner-ven, macht dich blaß__ und__ krank,
an zu kei- fen. Drum

(3.)
o- der a- ber ü- ber- haupt nicht kommt, ist nicht ge-
la la la la la la la, la la la la la la la
(3.)
Er ruft: Wer do? Wer do? Wer
(3.)
sei doch kein Mu- sel- mann, der ihn nicht
lad ich all mein Le- be- ta- ge nie al- te Weibsen auf mein
wiß. Heut kommt der Hans zu mir,
la! Es tö- nen die Lie- der, der
do? (4.) Drei Gi- ga- gi- ga- gi- ga- gäns im
las- sen kann. C- a- f- f- e- e,
Wa- ge. Hü, hü,

Nach überlieferten Kanons und einer Volksweise · Einrichtung: Fritz Bachmann

Jeder der vier Kanons kann als drei- bzw. vierstimmiger Kanon gesungen werden. Das Quodlibet kann durch Weglassen einzelner Melodien verkleinert werden; auch läßt es sich als Lied- und als Kanon-Quodlibet singen. Werden die Weisen als Kanons gebracht, sollten nicht mehr als drei miteinander erklingen. Die verschiedenen Melodien können auch als Begleitung einer hervorgehobenen Weise gesummt werden; auch Instrumente können mitspielen.

Kraut und Rüben

Kanon für 2 Stimmen

mit einem einstimmigen Ostinato ad lib.

Johann Sebastian Bach (1685–1750) nach einer Volksweise · Ostinato: Egon Rubisch

Der Hahn ist tot

Kanon für 4 oder 5 Stimmen

Französisch:
Le coq est mort, le coq est mort. :|: Il ne dira plus cocodi, cocoda. :|

Englisch:
The cock is dead, the cock is dead. :|: He will never sing cocodi, cocoda. :|

Latein:
Noster gallus est mortuus. :|: Ille non cantabit cocodi, cocoda. :|

Russisch:
Мой петушок умер, умер. :|: Он не может петь кукари, кукара. :|

Spanisch:
Mi gallo se murió ayer. :|: Ya no cantará cocorí, cocorá. :|

Horch, was kommt von draußen rein

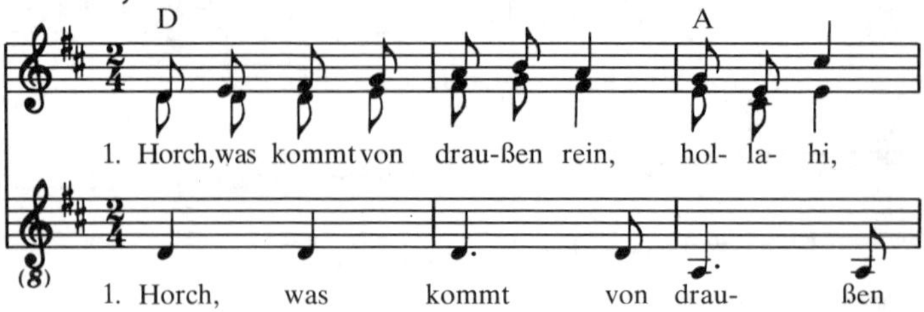

2. Leute haben's oft gesagt, hollahi, hollaho, daß ich ein Feinsliebchen hab, hollahiaho. Laß sie reden, schweig fein still, hollahi, hollaho, kann ja lieben, wen ich will, hollahiaho!

3. Wenn mein Liebchen Hochzeit hat, hollahi, hollaho, ist für mich ein Trauertag, hollahiaho. Geh ich in mein Kämmerlein, hollahi, hollaho, trage meinen Schmerz allein, hollahiaho!

4. Wenn ich dann gestorben bin, hollahi, hollaho, trägt man mich zum Grabe hin, hollahiaho. Setzt mir keinen Leichenstein, hollahi, hollaho, pflanzt mir drauf Vergißnichtmein, hollahiaho.

Der Satz kann bei Weglassung der Mittelstimme (oder der Unterstimme) auch zweistimmig gesungen werden.

Volkslied · Satz: nach Herbert Zimpel

Wir feiern heute Kirmesfest

2. Drum auf und nutzt die schöne Zeit, die uns viel Freuden bringt! Laßt Müh und Plag und Arbeit heut und zecht und tanzt und singt!

Aus der „Bauernkantate" · Worte: Paul Hermann nach Picander · Melodie: Johann Sebastian Bach (1685–1750)

Lachkanon

Kanon für 3 Stimmen

Luigi Cherubini (1760–1842)

Als ich einmal reiste

2. Zwei Jahr bin ich geblieben, zog ich umher von Land zu Land, und was ich da getrieben, das ist der Welt bekannt.

3. Als ich wied'rum kommen in unser altes Dorf hinein, da schaute meine Mutter aus ihrem Fensterlein.

4. „Ach Sohne, liebster Sohne, dein Aussehn g'fällt mir gar nicht wohl, dein Höslein ist gerissen, die Strümpf, das Kamisol[1]."

5. „Ach Mutter, liebste Mutter, was fragt Ihr nach der Lumperei? An Höslein, Rock und Futter spart Ihr die Flickerei."

6. Die Mutter ging zur Küchen, sie kocht mir Nudel und Sauerkraut, stopft Rock und Höslein, daß ich – bin herrlich anzuschaun.

[1] Kamisol = Unterjacke, Wams

Volkslied · Satz: Andreas Unterumsberger

Hab mein Wage vollgelade

2. Hab mein Wage vollgelade, voll mit Männern alten. Als wir in die Stadt neinkamen, murrten sie und schalten. Drum lad ich all mein Lebetage nie alte Männer auf mein Wage.

3. Hab mein Wage vollgelade, voll mit jungen Mädchen. Als wir zu dem Tor neinkamen, sangen sie durchs Städtchen. Drum lad ich all mein Lebetage nur junge Mädchen auf mein Wage.

Niederländisches Fuhrmannslied

Ihren Schäfer zu erwarten

2. Ihre Mutter kam ganz leise, … nach der alten Mütter Weise, … nachgeschlichen, oh, wie fein! fand das Mädchen ganz allein.

3. Ihrem Schlummer halb entrissen, … von den zarten Mutterküssen, … rief die Kleine: „Oh, Damöt, warum kommst du heut so spät?“

4. „Ei, so hast du mich belogen! … Deine Unschuld ist betrogen! … Ihm zur Schmach und dir zur Pein sperr ich dich ins Kloster ein!“

5. „Kloster ist nicht mein Verlangen, … bist ja selbst nicht ’neingegangen … Und wenn’s allen so sollt gehn, möcht ich mal die Klöster sehn!“

Volkslied

Es zogen auf sonnigen Wegen

2. Ihr Lied klang so hell in die Weite, sie liefen so froh durch den Mai. Ich konnt mich für keine entscheiden, drum küßt ich sie alle drei.

3. Doch ach, eine jede wollt haben, daß ich ihr Alleinigster sei. Kein Drittel, den ganzen Knaben, den wollten sie alle drei.

4. Du Schwarze, du Blonde, du Braune, vergib und vergiß und verzeih! Will keiner verderben die Laune, drum laß ich euch alle drei.

Kuckuck und Jägersmann

2. Da kam ein junger Jägersmann.

3. Der schoß den armen Kuckuck tot.

4. Und als ein Jahr vergangen war.

5. Da war der Kuckuck wieder da.

Volkslied · Satz: Hans Vogel

Die Leineweber

2. Die Leineweber nehmen keinen Lehrjungen an, der nicht sechs Wochen lang fasten kann.

3. Die Leineweber schlachten alle Jahr zwei Schwein, das eine ist gestohlen, und das andre ist nicht sein.

4. Die Leineweber haben ein Schifflein klein, da setzen sie die Wanzen und Flöhe hinein.

5. Die Leineweber machen eine zarte Musik, wie wenn zwölf Müllerwagen fahren über die Brück.

Volkslied, vor 1833

Es blies ein Jäger

2. Soll denn mein Blasen |: verloren sein? :| Viel lieber wollt ich kein Jäger mehr sein, kein Jäger mehr sein. Halliahussasa, tirallala, viel lieber wollt ich kein Jäger mehr sein.

3. Er warf sein Netz |: wohl über den Strauch, :| da sprang ein schwarzbraunes Mädel heraus, ja Mädel heraus. ...

4. „Ach,schwarzbraunes Mädel, |: entspring mir nicht! :| Ich habe große Hunde, die holen dich. ..."

5. „Deine großen Hunde, |: die holen mich nicht, :| sie kennen meine hohen, weiten Sprünge nicht, ja Sprünge nicht. ..."

6. „Deine hohen, weiten Sprünge, |: die kennen sie wohl, :| sie wissen, daß du heut noch sterben sollst, noch sterben sollst. ..."

7. „Und sterb ich denn, |: so bin ich tot, :| begräbt man mich unter Rosen rot, ja Rosen rot. ..."

8. Er warf ihr das Netz |: wohl über den Leib, :| da ward sie des jungfrischen Jägers Weib, des Jägers Weib. ...

Volkslied · Worte und Melodie: ähnlich in Friedrich Nicolais „Feynem kleynen Almanach" I, 1777
Satz: Lothar Höchel

Fuhrmann und Fährmann

2. Was macht der Fährmann? Der Fährmann legt ans Ufer an und denkt: Ich halt nicht lange still, es komme, wer da kommen will. He, Fährmann, he, he, ...

3. Da kam der Fuhrmann mit seinem großen Wagen an, der war mit Kisten voll bespickt, daß sich der Fährmann sehr erschrickt. He, Fuhrmann, he, he, ...

4. Da sprach der Fährmann: „Ich fahr Euch nicht, Gevattersmann, gebt Ihr mir nicht aus jeder Kist ein Stück von dem, was drinnen ist." He, Fährmann, he, ...

5. „Ja", sprach der Fuhrmann. Und als sie kamen drüben an, da öffnet er die Kisten g'schwind, da war nichts drin als lauter Wind. He, Fuhrmann, ...

6. Schalt da der Fährmann? O nein, o nein, er lachte nur: „Aus jeder Kist ein Stücklein Wind, dann fährt mein Schifflein sehr geschwind." He, Fährmann, he, he, he, holla, he.

Volkslied

Es wollt ein Schneider wandern

2. Sobald der Schneider in d'Höll neinkam, nahm er sein'n Ellenstab, er schlug den Teufeln die Buckel lahm, die Höll wohl auf und ab. „He, he, du Schneidergsell, mußt wieder aus der Höll, wir brauchen nicht das Messen, es gehe, wie es wöll."

3. Nachdem er all gemessen hatt, nahm er sein' lange Scher und stutzt den Teufeln d'Schwänzeln ab, sie hupften hin und her. „He, he, du Schneidergsell, pack dich nur aus der Höll! Wir brauchen nicht das Stutzen, es gehe, wie es wöll."

4. Da zog er's Bügeleisen raus und warf's ins Höllenfeuer; er strich den Teufeln die Falten aus, sie schrien ungeheuer: „He, he, du Schneidergsell, pack dich nur aus der Höll! Wir brauchen nicht das Bügeln, es gehe, wie es wöll."

5. Nach diesem kam der Luzifer und sagt: „Es ist ein Graus! Kein Teufel hat kein'n Wedel mehr, jagt ihn zur Höll hinaus!" „He, he, du Schneidergsell, pack dich nur aus der Höll! Wir brauchen keinen Schneider, es gehe, wie es wöll."

Worte: aus „Des Knaben Wunderhorn" (1806–1808) · Melodie: um 1850 · Satz: Jürgen Golle

Ein Jäger längs dem Weiher ging

2. Was raschelt in dem Grase dort? Lauf, Jäger, lauf! Was flüstert leise fort und fort?

3. Was ist das für ein Untier doch? Lauf, Jäger, lauf! Hat Ohren wie ein Turm so hoch.

4. Der Jäger furchtsam um sich schaut: Lauf, Jäger,lauf! „Jetzt will ich's wagen, oh, mir graut!"

5.„O Jäger, laß die Büchse ruhn, lauf, Jäger, lauf! Das Tier könnt dir ein Leides tun!"

6. Der Jäger lief zum Wald hinaus, lauf, Jäger, lauf! Verkroch sich flink im Jägerhaus.

7. Das Häschen spielt im Mondenschein, lauf,Jäger, lauf! Ihm leuchten froh die Äugelein.

Worte: Wilhelm v. Zuccalmaglio (1803–1869) · Melodie: um 1860

Auf de schwäbsche Eisebahne

Gemütlich

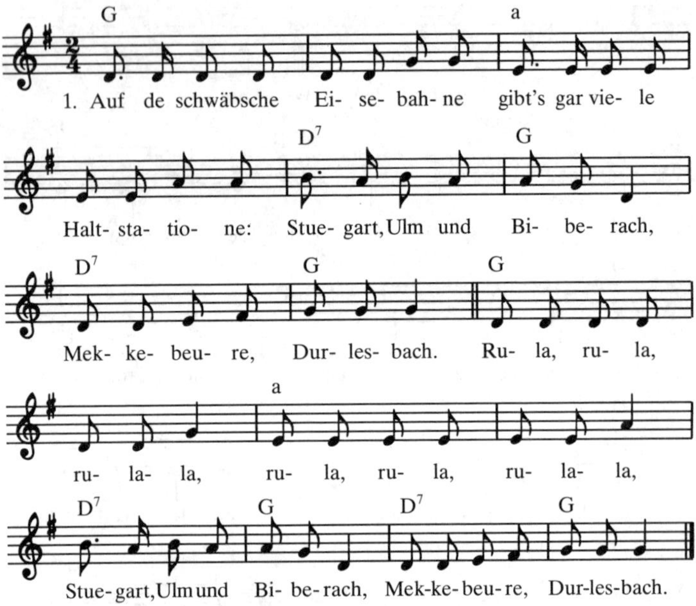

2. Auf de schwäbsche Eisebahne gibt es viele Restauratione, wo ma esse, trinke ka, alles, was der Mage ma. Rula, rula, rulala, ...

3. Auf de schwäbsche Eisebahne wollt amal a Bäurle fahre, geht an Schalter, lupft de Hut: „Oi Bilettle, seid so gut." Rula, rula, rulala, ...

4. Eine Geiß hat er sich kaufet, und daß die ihm net entlaufet, bindet se de guete Ma hinte an de Wage a. Rula, rula, rulala, ...

5. „Böckle, tu nur woidle springe, 's Futter werd i dir schon bringe!" Setzt si zu sei'm Weible na und brennt's Tabakpfeifle a. Rula, rula, rulala, ...

6. Auf de nächste Statione, wo er will sei Böckle hole, find't er nur noch Kopf und Soil an dem hintre Wagetoil. Rula, rula, rulala, ...

7. Do kriegt er en große Zorne, nimmt de Kopf mitsamt dem Horne, schmeißt en, was er schmeiße ka, d'm Konduktör an Schädel na: Rula, rula, rulala, ...

8. „So, du kannst de Schade zahle, warum bist d' so schnell gefahre! Du alloin bist schuld dara, daß i d' Geiß verlore ha!" Rula, rula, rulala, ...

9. „So, jetzt wär' das Lied gesunge, 's hätt euch wohl in d' Ohre g'klunge. Wer's no nit begreife ka, fang's no mal von vorne a!" Rula, rula, rulala, ...

Vo Luzern

2. Fahr im Schiffle übern See, holladiri, holladio, um die schöne Maidli z'seh, holladiriaho!

3. Hansli, trink mer nit zuviel, holladiri, holladio, 's Geldli mueß verdienet si, holladiriaho!

4. Maidli, laß das Gamble[1] goh, holladiri, holladio, 's Gamble wird dir scho vergoh, holladiriaho!

[1] Schaukeln

Alemannisch, 's Rigilied (seit 1832)

Resignation

Kanon für 4 Stimmen

Wo mag denn nur mein Christian sein?

2. Dort auf der Diele, da hängt ein Holz, damit hat er gedroschen. Seh ich mir diesen Flegel an, so denk ich an mein'n Christian.

3. Dort auf dem Hofe, da steht ein Klotz, drauf hat er Holz geschlagen. Seh ich mir diesen Holzklotz an, so denk ich an mein'n Christian.

4. Dort in dem Stall, da steht 'ne Kuh, die hat er oft gemolken. Seh ich mir dieses Rindvieh an, so denk ich an mein'n Christian.

5. Der Esel, der den Milchkarr'n zog, der ist schon längst gestorben. Hör ich nur einen Esel schrei'n, so fällt mir gleich mein Christian ein.

Aus Norddeutschland, um 1820

Bolle reiste jüngst zu Pfingsten

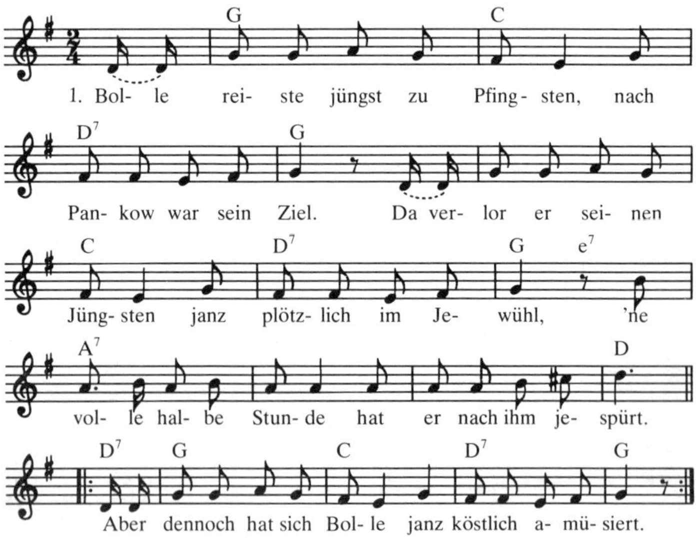

2. In Pankow gab's kein Essen, in Pankow gab's kein Bier, war alles aufjefressen von fremden Gästen hier. Nich mal 'ne Butterstulle hat man ihm reserviert! |: Aber dennoch hat sich Bolle janz köstlich amüsiert. :|

3. Auf der Schönholzer Heide, da gab's 'ne Keilerei, und Bolle, gar nicht feige, war feste mang dabei, hat 's Messer rausgezogen und fünfe massakriert, |: aber dennoch hat sich Bolle janz köstlich amüsiert. :|

4. Schon fing es an zu tagen, als er sein Heim erblickt. Das Hemd war ohne Kragen, das Nasenbein zerknickt, das rechte Auge fehlte, das linke marmoriert, |: aber dennoch hat sich Bolle janz köstlich amüsiert. :|

5. Als er nach Haus gekommen, da jing's ihm aber schlecht, da hat ihn seine Olle janz mörderisch verdrescht! 'ne volle halbe Stunde hat sie auf ihm poliert, |: aber dennoch hat sich Bolle janz köstlich amüsiert. :|

Fritze Bollmann

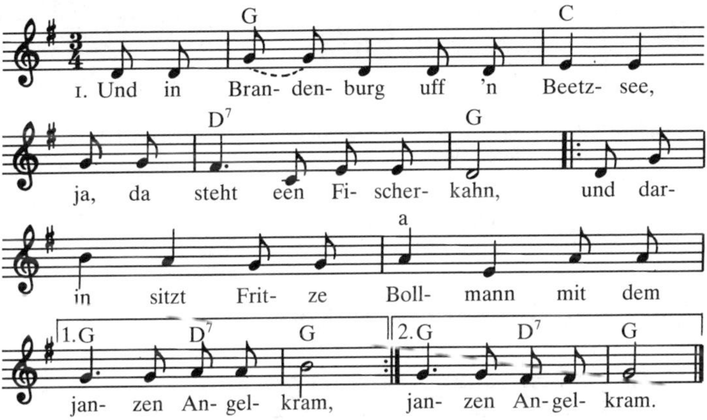

2. Fritze Bollmann wollte angeln, da fiel ihm die Angel rin, |: Fritze Bollmann wollt' se langen, und da lag er selber drin. :|
3. Fritze Bollmann schrie um Hilfe: „Liebe Leute, rettet mir, |: denn ick bin ja Fritze Bollmann, aus der Altstadt der Barbier!" :|
4. Nur die Angel ward gerettet, Fritze Bollmann, der versuff, |: und seitdem jeht Fritze Bollmann uffn Beetzsee nich mehr ruff. :|
5. Fritze Bollmann kam in'n Himmel: „Lieber Petrus, laß mir durch, |: denn ick bin ja Fritze Bollmann, der Barbier aus Brandenburg!" :|
6. Und der Petrus ließ sich rühren: „Fritze Bollmann, komm man rin! |: Du kannst mir mal jleich balbieren, komm man her und seef mir in!" :|
7. Fritze Bollmann, der barbierte, Petrus schrie: „O Schreck und Jraus! |: Du willst mir wohl massakrieren? Det hält ja keen Deibel aus!" :|
8. „Uff de jroße Himmelsleiter kannste wieder runterjehn, |: und balbier man unten weiter, ick laß mir'n Vollbart stehn!" :|

Ein Jäger aus Kurpfalz

(auch als Kanon für 2 Stimmen)

2. Auf, sattelt mir mein Pferd und legt darauf den Mantelsack, so reit ich hin und her als Jäger aus Kurpfalz.

3. Jetzt reit ich nicht mehr heim, bis daß der Kuckuck Kuckuck schreit; er schreit die ganze Nacht allhier auf grüner Heid.

Mein Hut, der hat drei Ecken

Melodie: nach einer neapolitanischen Canzonetta

Quodlibet: O, du lieber Augustin/Alle Leut

Ich ging einmal spazieren

2. Sie sagt, sie hätt viel Gulden, nanu, nanu, nanu! Sie sagt, sie hätt viel Gulden, was sagst du denn dazu? Sie sagt, sie hätt viel Gulden, bums, vallera! |: 's warn aber lauter Schulden, hahahahaha. :|

3. Sie sagt, sie tät viel erben, ... |:'s warn aber lauter Scherben, ... :|

4. Sie sagt, sie wär vom Adel, ... |: Ihr Vater führt die Nadel, ... :|

5. Sie sagt, ich sollt sie küssen, ... |: Es braucht niemand zu wissen, ... :|

6. Sie sagt, ich sollt sie nehme, ... |: Sie macht mir's recht bequeme, ... :|

7. Der Sommer ist gekommen, ... |: Ich hab sie nicht genommen, ... :|

Volkslied · Worte: ähnlich in Joseph George Meinerts „Alten teutschen Volksliedern", 1817 · Melodie: 1840; obige Fassung nach dem „Zupfgeigenhansl", 1908 · Satz: Lothar Höchel

Trara

Kanon für 4 Stimmen

Jetzt fahrn wir übern See

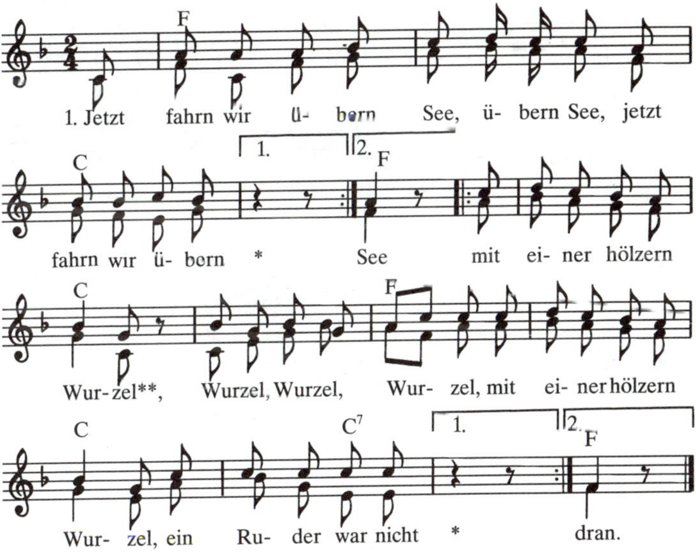

* Wer hier singt, zahlt einen Pfand. ** Wurzel ist aus dem Wort Waidzille = Jagdkahn entstanden.

2. Und als wir drüber warn, da sangen alle Vöglein, der helle Tag brach an.
3. Der Jäger blies ins Horn, da bliesen alle Jäger, ein jeder in sein Horn.
4. Das Liedlein, das ist aus, und wer das Lied nicht singen kann, der fang von vorne an!

Volkslied, vor 1891

Morgen marschieren wir

2. Morgen marschieren wir zu dem Bauer ins Nachtquartier. |: Wenn ich werde scheiden, wird mein Mädchen weinen :| und wird traurig sein.

3. Mädchen, nun geh zur Ruh und tu deine blauen Äuglein zu, |: geh und leg dich nieder und steh morgen wieder :| früh beizeiten auf.

4. Kannst du nicht schlafen ein, ei, so nimm doch einen Schlaftrunk ein! |: Trink ein Täßchen Tee, Zucker und Kaffee :| und ein Gläschen Wein.

Volkslied

Morgenstund hat Gold im Mund

Kanon für 3 Stimmen

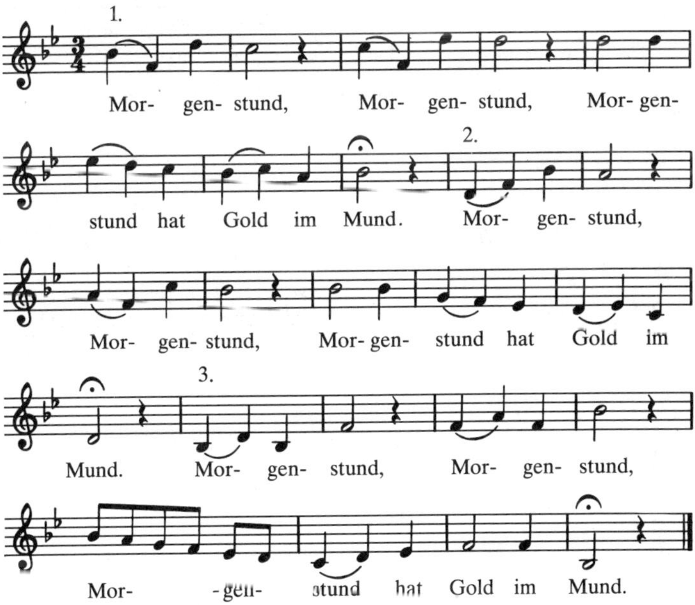

Sprichwort · Musik: Friedrich Silcher

Es geht nichts über die Gemütlichkeit

Gemütlich

2. Es geht nichts über die Gemütlichkeit, ei ja, ja so. Hab'n wir kein Geld, so haben's andre Leut, ei ja, ja so.

3. Es geht nichts über die Gemütlichkeit, ei ja, ja so. Zum Trübsal blasen ist es lang noch Zeit, ei ja, ja so.

Wir kommen all

Kanon für 4 Stimmen

Moritz Hauptmann (1792–1868)

Happy Birthday to You!

(Merry Christmas to You!)

Melodie: Mildred J. Hill · Musikverlag Intersong, Hamburg

Es war ein König in Thule

2. Es ging ihm nichts darüber, er leert ihn jeden Schmaus; die Augen gingen ihm über, so oft er trank daraus.

3. Und als er kam zu sterben, zählt er seine Städt im Reich, gönnt alles seinen Erben, den Becher nicht zugleich.

4. Er saß beim Königsmahle, die Ritter um ihn her, auf hohem Vätersaale dort auf dem Schloß am Meer.

5. Dort stand der alte Zecher, trank letzte Lebensglut und warf den heilgen Becher hinunter in die Flut.

6. Er sah ihn stürzen, trinken und sinken tief ins Meer. Die Augen täten ihm sinken, trank nie einen Tropfen mehr.

Worte: Johann Wolfgang v. Goethe (1749–1832) · Musik: Karl Friedrich Zelter (1758–1832)

Wir reiten geschwinde

Kanon für 3 Stimmen

Musik: nach Jacopo Gotifredo Ferrari (1759–1842)

Wach auf, meins Herzens Schöne

Kume, kum, geselle min

Mit schlichtem Ausdruck (Unterstimme summen)

1. Ku- me, kum, ge- sel- le min! Ich—
Ich— en- bi- te har- te din! Kum,

en- bi- te har- te, har- te din.
kum, ku- me, kum, ge- sel- le min!

Unterstimme auch für Männerstimmen

2. Süßer, rosenvarwer munt, kum und mache mich gesunt! Kum, kum, kum und mache mich gesunt, süßer, süßer, rosenvarwer munt.

Worte: Aus einer Handschrift des 13. Jh. aus dem Kloster Benediktbeuren · Melodie: Adam de la Hale (um 1240–1287)

Innsbruck, ich muß dich lassen

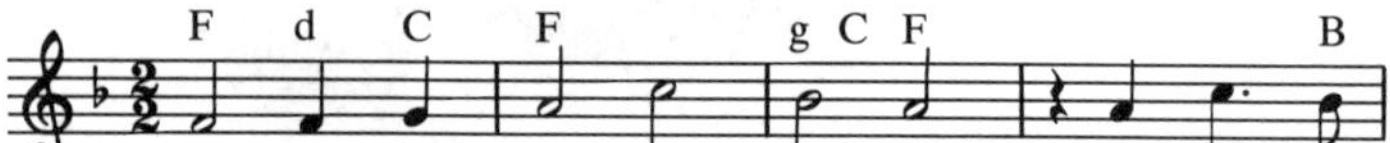

1. Inns-bruck, ich muß dich las- sen, ich fahr da-

hin mein Stra- ßen in frem- de Land da-

hin. Mein Freud ist mir ge- nom- men,

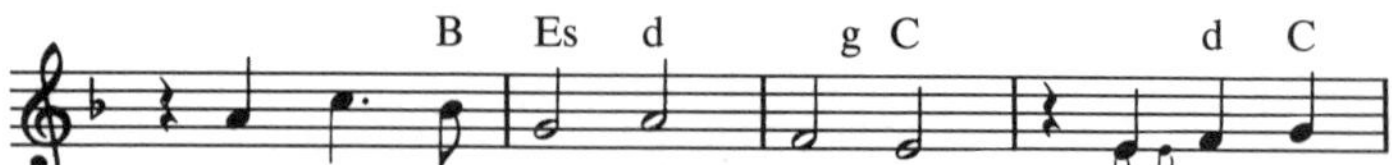

die ich nit weiß be- kom- men, wo ich im

E- - - -lend[1] bin, wo ich im

2. Groß' Leid muß ich jetzt tragen, das ich allein tu klagen dem liebsten Buhlen mein. Ach, Lieb, nun laß mich Armen im Herzen dein erbarmen, |: daß ich muß von dannen sein. :|

3. Mein Trost ob allen Weiben, dein tu ich ewig bleiben, stet treu der Ehren fromm. Nun muß dich Gott bewahren, in aller Tugend sparen[2], |: bis daß ich wiederkomm. :|

[1] in der Fremde [2] behalten

Volkslied, 15. Jh. · Worte und Melodie: hier in der Fassung und Harmonisierung wie bei Heinrich Isaac, 1495

All mein Gedanken

2. Du auserwählter, ein'ger Trost, gedenk daran: mein Leib und Gut, das sollst du ganz zu eigen han! Dein, dein, dein will ich allzeit bleiben. Du gibst Freud und hohen Mut, kannst all mein Leid vertreiben.

Volkslied aus dem Lochamer Liederbuch, um 1460 · Satz: Lothar Höchel

Es ist ein Schnee gefallen

2. Mein Haus hat keinen Giebel, es ist mir worden alt. Zerbrochen sind die Riegel, mein Stüblein ist mir kalt.

3. Ach Lieb, laß dich's erbarmen, daß ich so elend bin, und schließ mich in dein Arme, so fährt der Winter hin.

Altes Liebeslied (vor 1467)

Ach Elslein, liebes Elslein mein

2. Das bringt mir große Schmerzen, herzallerliebster Gsell! |: Red ich von ganzem Herzen, hab's für groß Ungefäll. :|

3. Hoff, Zeit wird es wohl enden, hoff, Glück wird kommen drein, |: sich in alls Guts verwenden, herzliebstes Elselein. :|

Volkslied · Worte und Melodie: in Johann Otts Sammlung „121 newe Lieder", 1534; 1. Strophe und eine ähnliche Weise schon im 15. Jh.

Ich hab dich versetzt

2. Du versprachst: Ich komm am Dienstag, schenk dir mehr als vierzig Küsse!
3. Du versprachst: Wir gehn am Mittwoch ganz bestimmt das Vieh dann hüten.
4. Du versprachst: Ich komm am Donnerstag, Arm in Arm gehn wir spazieren.
5. Du versprachst: Wir gehn am Freitag beide gleich zum Abendsingen.
6. Du versprachst: Ich komm am Sonnabend, wir wolln froh gemeinsam schaffen.
7. Du versprachst: Wir gehn am Sonntag ganz gewiß zu einer Hochzeit.

Ukrainische Volksweise · Nachdichtung: Alexander Ott

Wie schön blüht uns der Maien

2. Bei ihr, da wär ich gerne, bei ihr, da wär mir wohl, sie ist mein Augensterne, strahlt mir ins Herz so voll. Sie hat ein'n roten Mund, sollt ich sie darauf küssen, mein Herz würd mir gesund.

3. Wollt Gott, ich fänd im Garten drei Rosen auf einem Zweig. Ich wollte auf sie warten, ein Zeichen wär mir's gleich. Das Morgenrot ist weit, es streut schon seine Rosen, ade – mein schöne Maid.

Worte: um 1550 · Melodie: um 1600 · Satz: Günter Olias

Wach auf, meins Herzens Schöne

2. Ich hör die Hahnen krähen und spür den Tag dabei! Die kühlen Winde wehen, die Sternlein leuchten frei, es singt uns Frau Nachtigalle, singt uns ein süße Melodei, sie meld't den Tag mit Schalle.

3. Der Himmel tut sich färben aus weißer Farb in blau, die Wolken tun sich färben aus schwarzer Farb in grau, die Morgenröt tut herschleichen, wach auf, mein Lieb, und mach mich frei, die Nacht will uns entweichen.

Worte: aus dem 16. Jh. · Melodie: Johann Friedrich Reichardt (1752–1814) · Satz: Günter Kochan

Weiß mir ein Blümlein blaue

2. Das Blümlein, das ich meine, ist braun, steht auf dem Ried. Von Art ist es so kleine, es heißt: „Nun hab mich lieb!“ Das ist mir abgemähet wohl in dem Herzen mein, mein Lieb hat mich verschmähet, wie mag ich fröhlich sein?

3. Noch heur gen diesen Sommer kommt uns der lichte Mai, bringt uns der Blümlein wieder, der Farben mancherlei. Viel großer Lieb auf Erden, die jetzund muß zergahn: was mir heur nit mag werden, will ich ein ander Jahr han.

4. Mein Herz, das liegt in Kummer, daß mein vergessen ist, so hoff ich auf den Summer und auf des Maien Frist. Die Reifen sind vergangen, dazu der kalte Schnee; mein Lieb hat mich umfangen, nun, Winter, heißt's: Ade!

Worte: um 1570 · Melodie: um 1582 · Satz: Fritz Jöde

Möseler Verlag Wolfenbüttel

Es flog ein kleins Waldvögelein

2. So grüß dich Gott im Herzen, du schöns Waldvögelein! Vertreibst mir viel die Schmerzen, daß du bei mir kehrst ein. Bist du so weit geflogen in Kummer und Gefahr: dir bleib ich g'neigt und g'wogen in großer Liebe gar.

3. Bin geflogen über Berg und Tal, doch mit sehr großer Müh, und such mein Lieb ganz überall, trag Sorg, sie sei nicht hie. Herzlieb, bist du vorhanden, tröst mich, Waldvögelein; in dein' schneeweiße Hände schleuß du, Herzlieb, mich ein!

Volkslied, um 1610 aufgezeichnet

Es waren zwei Königskinder

2. „O Liebster, kannst du nicht schwimmen? So schwimme doch her zu mir! Drei Kerzen will ich dir anzünden, |: und die sollen leuchten dir.“ :|

3. Das hört' eine falsche Nonne, die tat, als ob sie schlief. Sie täte die Kerzen ausblasen, |: der Jüngling ertrank so tief. :|

4. Ein Fischer wohl fischte lange, bis er den Toten fand. „Nun sieh da, du liebliche Jungfrau, |: hast hier deinen Königssohn!“ :|

5. Sie nahm ihn in ihre Arme und küßt' ihm den bleichen Mund. Es mußt' ihr das Herzlein brechen, |: sie sank in den Tod zur Stund. :|

Volkslied, vor 1807

Ich hört ein Sichlein rauschen

2. Laß rauschen, Lieb, laß rauschen, ich acht nit, wie es geh; hab mir ein Buhln erworben in Veil und grünem Klee.

3. Hast du ein Buhln erworben in Veil und grünem Klee, so steh ich hier alleine, tut meinem Herzen weh.

Volkslied aus dem 16. Jh. · Satz: Klaus Mehner

Wenn ich ein Vöglein wär

2. Bin ich gleich weit von dir, bin doch im Traum bei dir und red mit dir. |: Wenn ich erwachen tu, :| bin ich allein.

3. Es vergeht kein Stund der Nacht, da nicht mein Herz erwacht und dein gedenkt, |: daß du mir vieltausendmal :| dein Herz geschenkt.

Volkslied, vor 1784 · Worte: bei Johann Gottfried Herder, 1778 · Satz: Rüdiger Sell

In deines Vaters Gärtelein

2. Mir wurde nie ein Tag zu lang, seit ich dich, Blümlein, fand. Und wenn zum Tanz die Kantele[1] klang, gingst du an meiner Hand.

3. Jetzt türmen Berge, Stein auf Stein, sich zwischen mir und dir. Viel lieber wollt ich bei dir sein, dich lieben für und für.

[1] zitherähnliches Zupfinstrument

Finnisches Volkslied · Nachdichtung: Gisela Tiedke

Muß i denn zum Städtele hinaus

2. Wie du weinst, wie du weinst, daß i wandere muß, wandere muß, wie wenn d' Lieb jetzt wär vorbei; sind au drauß, sind au drauß der Mädele viel, Mädele viel, lieber Schatz, i bleib dir treu. Denk du net, wenn i ein' andre seh, so sei mei Lieb vorbei; sind au drauß …

3. Übers Jahr, übers Jahr, wenn me Träubele schneid't, Träubele schneid't, stell i hier mi wiedrum ein; bin i dann, bin i dann dein Schätzele noch, Schätzele noch, so soll die Hochzeit sein. Übers Jahr, do ist mei Zeit vorbei, do g'hör i mein und dein. Bin i dann …

Worte: 2. und 3. Strophe Heinrich Wagner · Melodie: Friedrich Silcher (1789–1860)

Ich ging im Walde

2. Im Schatten sah ich ein Blümlein stehn, :| wie Sterne leuchtend, wie Äuglein schön.

3. Ich wollt es brechen, da sagt es fein: :| Soll ich zum Welken gebrochen sein?

4. Ich grub's mit allen den Würzlein aus, :| zum Garten trug ich's am hübschen Haus.

5. Und pflanzt es wieder am stillen Ort; :| nun zweigt es immer und blüht so fort.

Worte: Johann Wolfgang v. Goethe (1749–1832) · Volksweise

Wenn alle Brünnlein fließen

2. Ja, winken mit den Äugelein und treten auf den Fuß: 's ist eine in der Stube drin, die meine werden muß, 's ist eine in der Stube drin, ju, ja, Stube drin, die meine werden muß.

3. Warum sollt sie's nicht werden, ich hab sie ja so gern. Sie hat zwei blaue Äugelein, die leuchten wie zwei Stern, sie hat zwei blaue Äugelein, ju, ja, Äugelein, die leuchten wie zwei Stern.

4. Sie hat zwei rote Wängelein, sind röter als der Wein, ein solches Mädel findst du nicht wohl unterm Sonnenschein, ein solches Mädel findst du nicht, ju, ja, findst du nicht wohl unterm Sonnenschein.

Volkslied · Satz: Fritz Jöde

Möseler Verlag Wolfenbüttel und Zürich

Heidenröslein

2. Knabe sprach: „Ich breche dich, Röslein auf der Heiden!“ Röslein sprach: „Ich steche dich, daß du ewig denkst an mich, und ich will's nicht leiden!“

3. Und der wilde Knabe brach 's Röslein auf der Heiden; Röslein wehrte sich und stach, half ihm doch kein Weh und Ach, mußt es eben leiden.

Worte: Johann Wolfgang v. Goethe (1749–1832) · Melodie: Heinrich Werner (1800–1833)

Es dunkelt schon in der Heide

2. Ich hörte die Sichel rauschen, sie rauschte durch das Korn ; |: ich hört mein Feinslieb klagen, sie hätt ihr Lieb verlorn. :|

3. Hast du dein Lieb verloren, so hab ich doch das mein. |: So wollen wir beide mitnander uns winden ein Kränzelein. :|

4. Ein Kränzelein von Rosen, ein Sträußelein von Klee. |: Zu Frankfurt auf der Brücke, da liegt ein tiefer Schnee. :|

5. Der Schnee, der ist zerschmolzen, das Wasser läuft dahin; |: kommst mir aus meinen Augen, kommst mir aus meinem Sinn. :|

6. In meines Vaters Garten, da stehn zwei Bäumelein; |: der eine, der trägt Muskaten, der andre Braunnägelein. :|

7. Muskaten, die sind süße, Braunnägelein, die sind schön; |: wir beide müssen uns scheiden, ja scheiden, das tut weh. :|

Volkslied, um 1840 · Satz: Frank Lutter

Stehn zwei Stern am hohen Himmel

Volkslied aus dem 19. Jh. · Satz: Rüdiger Sell

Schöne Augen

Kanon für 3 Stimmen

Aus Frankreich, 17. Jh. · Nachdichtung: Egon Rubisch

Der Kuß

Kanon für 4 Stimmen

Worte: Johann Christian Günther · Musik: Ernst König

Wahre Freundschaft soll nicht wanken

2. Keine Ader soll mir schlagen, wo ich nicht an dich gedacht, |: ich will Sorge für dich tragen bis zur späten Mitternacht. :|

3. Wenn der Mühlstein träget Reben und daraus fließt kühler Wein, |: wenn der Tod mir nimmt das Leben, hör ich auf, getreu zu sein. :|

Volkslied

Ade zur guten Nacht

2. Es trauern Berg und Tal, wo wir vieltausendmal sind drübergangen. |: Das hat deine Schönheit gemacht, die hat mich zum Lieben gebracht mit großem Verlangen. :|

3. Das Brünnlein rinnt und rauscht wohl unterm Holderstrauch, wo wir gesessen. |: So manchen Glockenschlag, da Herz bei Herzen lag, hast du vergessen? :|

4. Die Mädchen (Buben) in der Welt sind falscher als das Geld mit ihrem Lieben. |: Ade zur guten Nacht ! Jetzt wird der Schluß gemacht, daß ich muß scheiden. :|

Volkslied, 1847 · Satz: Lothar Höchel

Winde wehn

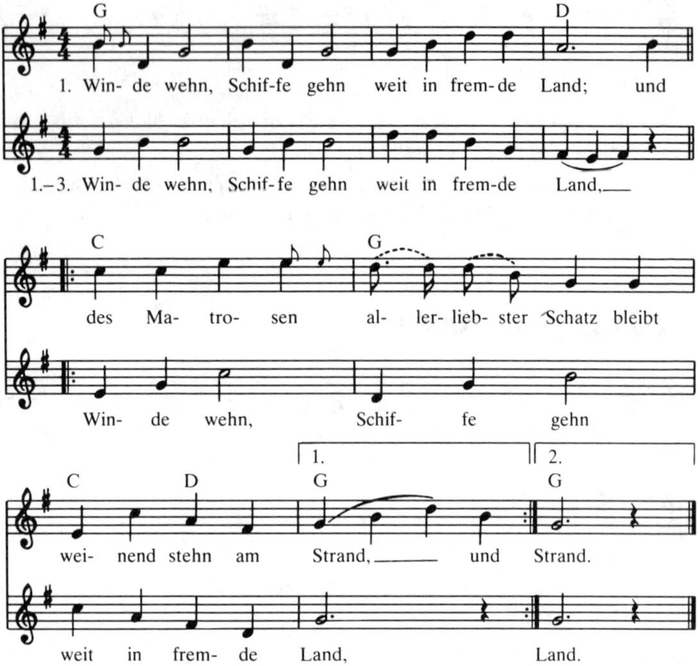

2. Wein doch nicht, lieb Gesicht, wisch die Tränen ab! Und denk an mich und an die schöne Zeit, bis ich dich wiederhab.

3. Silber und Gold, Kisten voll, bring ich dann mit mir. Ich bring dir Seiden und Sammetzeug, und alles schenk ich dir.

Schwedisches Seemannslied aus Finnland · Satz: Rüdiger Sell

Jetzt gang i ans Brünnele

2. Do laß i meine Äugele um und um gehn, :|: do siehn i mein herztausige Schatz bei nem andre stehn. :|
3. Und bei nem andre stehe sehn, ach, das tut weh! :|: Jetzt bhüt di Gott, herztausige Schatz, di siehn i nimme meh! :|
4. Jetzt kauf i mir Tinten und Feder und Papier :|: und schreibe meim herztausige Schatz einen Abschiedsbrief. :|
5. Jetzt leg i mi nieder aufs Heu und aufs Stroh, :|: do falle drei Rösele mir in den Schoß. :|
6. Und diese drei Rösele sind roserot: :|: Jetzt weiß i net, lebt mei Schatz oder ist er tot. :|

Skip to My Lou

2. Flies in the buttermilk, shoo fly, shoo!
3. Lost my partner, what'll I do?
4. Find you another, prettier too.

Aus den USA

Dort nied'n in jenem Holze

2. Dort nied'n in jenem Grunde schwemmt sich ein Hirschlein fein. |: Was führt's in seinem Munde? :| Von Gold ein Ringelein.

3. Hätt ich des Golds ein Stücke zu einem Ringelein, |: meinem Buhlen wollt ich's schicken :| zu einem Goldfingerlein.

4. Was schickt sie mir denn wieder? Von Perlen ein Kränzelein: |: Sieh da, du feiner Ritter, :| dabei gedenk du mein!

Volkslied, zusammengefügt im „Zupfgeigenhansl", 1911 · Worte: schon im Ambraser Liederbuch, 1582 · Melodie: in Ludwig Erks und Wilhelm Irmers „Deutschen Volksliedern" I/6, 1841 · Satz: Fritz Bachmann

Kalliole

Nach einem finnischen Volkslied · Melodie: Kay Chydenius · Nachdichtung: Peter Porsch

Über den Berg ist mein Liebster gezogen

2. Hinter dem Salzmeer im goldenen Schlosse tränkt er dem König die stampfenden Rosse.

3. Schön wie der Morgen auf waldigen Auen strahlt er hervor aus den Rittern und Frauen.

4. Liebliche Jungfrau, was lacht Ihr im Schönen? Nie wird sein Herz sich an Eures gewöhnen.

5. Ach, ich vergehe vor Kummer und Schmerzen, möchte mit tausend Armen ihn herzen. Doch er gedenkt nicht der heimlichen Nächte und kehrt nicht mehr zurück und kehrt nicht mehr zurück.

Finnisches Volkslied

Dat du min Leevsten büst

Volkslied aus dem 19. Jh. · Satz: Burkhard Meier

Folge mir

Kanon für 2 Stimmen

Rot blühn die Rosen

2. |: Wie eine Rose unter den Bäumen möcht meine Liebe träumen. :|

3. |: Träumen mit all den Blüten, möcht meine Liebe hüten. :|

Französische Volksweise · Nachdichtung: Gabriele Sander

Habe was für dich

2. Blüht für dich mein Rosengarten, will auf dich gern warten. Schlägt für dich mein Herz alleine, werde ganz der (die)Deine.

Aus Frankreich · Nachdichtung und Satz: Rüdiger Sell

Liebster, komm zeitig

Kanon für 2 Stimmen

2. Und bin ich fertig, dann singe ich immer ein lustiges Lied für mich. |: Arbeit und Singen wird mir gelingen, denk ich doch immer dabei an dich. :|

Slowakische Volksweise · Nachdichtung: Marianne Graefe

Katjuscha

2. Und es schwang ein Lied aus frohem Herzen jubelnd, jauchzend sich empor zum Licht, weil der Liebste ein Brieflein geschrieben, das von Heimkehr und von Liebe spricht.

3. Oh, du kleines Lied von Glück und Freude, mit der Sonne Strahlen eile fort. Bring dem Freunde geschwinde die Antwort, von Katjuscha Gruß und Liebeswort!

4. Er soll liebend ihrer stets gedenken, ihrer zarten Stimme Silberklang. Weil er innig der Heimat ergeben, bleibt Katjuschas Liebe ihm zum Dank.

5. Leuchtend prangten ringsum Apfelblüten; still vom Fluß zog Nebel noch ins Land. Fröhlich singend ging heimwärts Katjuscha – einsam träumt der sonnenhelle Strand.

Worte: Michail Issakowski · Nachdichtung: Alexander Ott · Musik: Matwej I. Blanter

Friedrich Hofmeister Musikverlag Leipzig

Greensleeves

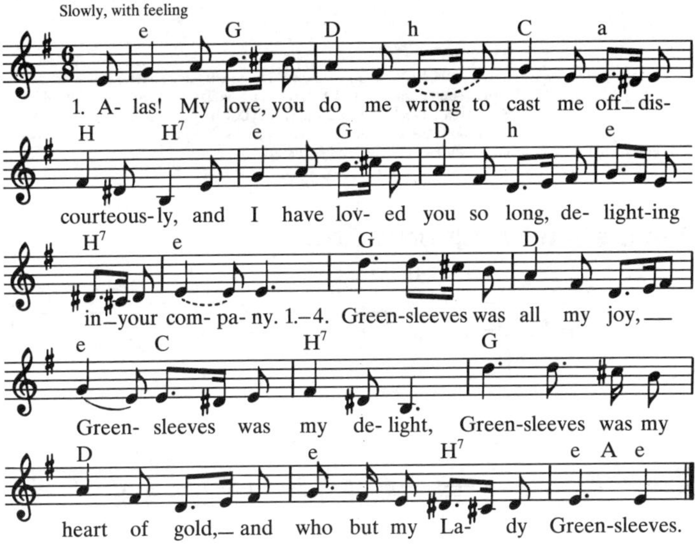

2. I have been ready at your hand to grant whatever you would crave. I have both waged life and land, your love and goodwill for to have.

3. I bought thee kerchers to thy head that were wrought fine and gallantly; I kept thee both at board and bed, which cost my purse well-favour'dly.

4. Greensleeves, now fare well adieu! God I pray to prosper thee! For I am still thy lover true: Come once again and love me!

Übersetzung

1. Ach, meine Liebe, du tust mir unrecht, mich ungnädig abzuweisen, und ich habe dich so lange geliebt, mich an deiner Gesellschaft erfreut.

1.–4. Greensleeves war meine ganze Liebe, Greensleeves war mein Vergnügen, Greensleeves war mein Herz aus Gold und niemand als meine Lady Greensleeves.

2. Ich bin dir stets zur Seite gewesen, dir zu gewähren, wonach immer du verlangt hast. Ich hab sowohl Land als auch Leben verpfändet, um deine Liebe und dein Wohlwollen zu gewinnen.

3. Ich kaufte Tücher dir für dein Haupt, zierlich und vortrefflich gearbeitet; ich hielt dich wohl bei Tisch und Bett, was meiner Börse nicht wohl anstand.

4. Greensleeves, leb nun wohl, adieu! Gott bitte ich, dich zu begünstigen! Ich aber bin noch immer dein treuer Liebhaber: Komm einmal noch und liebe mich!

Englisches Volkslied, im 16. Jh. erstmals gedruckt

Eines der bekanntesten englischen Volkslieder. „Greensleeves", wohl ein Spitz- oder Kosename, heißt wörtlich „grüne Ärmel". Eine Legende besagt, daß der durch seine vielen Frauen berüchtigte König Heinrich VIII. das Lied um 1530 geschrieben haben soll. Zu Beginn des 18. Jahrhunderts ist die Melodie bereits so populär, daß sie von Gay und Pepusch in ihrer „Bettleroper" (1728) verwendet wird. Von dem Lied sind sowohl textlich als auch melodisch Varianten überliefert.

Das Lieben bringt groß Freud

2. Sie hat schwarzbraune Haar, dazu zwei Äuglein klar; ihr sanfter Blick, ihr Zuckermund hat mir das Herz im Leib verwundt, hat mir, hat mir, hat mir das Herz verwundt.

3. Ein Brieflein schrieb sie mir, ich soll treu bleiben ihr! Drauf schickt ich ihr ein Sträußelein von Rosmarin und Nägelein, sie soll, sie soll, sie soll mein eigen sein.

Volkslied

Oh, Susanna

2. I had a dream the other night when everything was still, I thought I saw Susanna dear, a-coming down the hill. The buckwheat cake was in her mouth, the tear was in her eye, I said, I'm coming from the south, Susanna, don't you cry.

3. I soon will be in New Orleans, and then I'll look all round, but if-I do not find her, this darkey'll surely die. And when I find Susanna, I'll fall upon the ground, and when I'm dead and buried, Susanna, don't you cry.

Worte und Melodie: Stephen C. Foster

Yesterday

Es d7 G7 c
Yes-ter-day, all my trou-bles seemed so far a-way.
As B7 Es B
Now it looks as though they're here to stay. Oh
c F As Es
I be- lieve in yes- ter- day. Sud-den-ly
d7 G7 c As
I'm not half the man I used to be, there's a
B7 Es c F As Es
shad-ow hang-ing o-ver me. Oh yes-ter-day came sud-den-ly.
d7 G7 c B As c f B Es
Why she had to go I don't know, she would n't say.
d7 G7 c B As c f B Es
I said something wrong now I long for yes-ter- day.
d7 G7 c
Yes-ter-day, love was such an ea- sy game to play.
As B Es B
Now I need a place to hide a- way. Oh

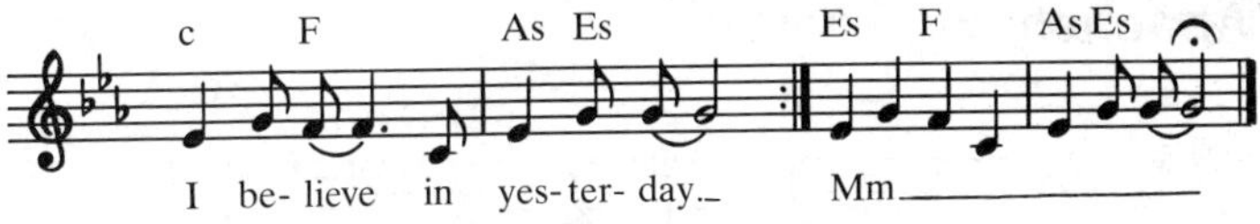

Worte und Melodie: John Lennon (1940–1980) und Paul McCartney (geb. 1942)

My Bonny is Over the Ocean

2. Last night as I lay on my pillow, last night as I lay on my bed, last night as I lay on my pillow, I dreamed that my Bonny was dead.

3. The winds have blown over the ocean, the winds have blown over the sea, the winds have blown over the ocean and brought back my Bonny to me. Brought back

Aus den USA

Ännchen von Tharau

2. Käm alles Wetter gleich auf uns zu schlahn, wir sind gesinnt, beieinander zu stahn; Krankheit, Verfolgung, Betrübnis und Pein soll unsrer Liebe Verknotigung sein.

3. Recht als ein Palmenbaum über sich steigt, je mehr ihn Hagel und Regen gebeugt: so wird die Lieb in uns mächtig und groß nach manchem Leiden und traurigem Los.

4. Würdest du gleich einmal von mir getrennt, lebtest da, wo man die Sonne kaum kennt: ich will dir folgen durch Wälder und Meer, durch Eisen und Kerker, durch feindliches Heer! Ännchen von Tharau, mein Licht, meine Sonn, mein Leben schließt sich um deines herum!

Worte: Heinrich Albert, 1637, in Samländischer Mundart (Ostpreußen); Übertragung ins Hochdeutsche von Johann Gottfried Herder, 1778 · Melodie: Friedrich Silcher (1789–1860), 1825

Sommerlied

Gitarre (Vor- und Zwischenspiel)

2. Dort, wo du hinschaust, geht ein Wind vorüber. Die Bäume über dir sind von ihm voll. In deinen Händen riecht die Luft nach Ernte, als ob die Zeit der Reife kommen soll.

3. Ich seh dich an und seh durch dich den Sommer. Ich bin der Gast in deiner Sommerruh. Ich möchte noch so gerne etwas bleiben. Der Sommer meint es gut mit mir, wie du.

Worte: Heinz Kahlau · Melodie: Ulrich Magister

Wenn ich ein Vöglein wär

Kanon für 3 Stimmen

Volkslied · Musik: Clara Schumann

Und in dem Schneegebirge

2. Ich hab daraus getrunken gar manchen frischen Trunk. |: Ich bin nicht alt geworden, :| ich bin noch allzeit jung.

3. Ade, mein Schatz, ich scheide, ade, mein Schätzelein! – |: „Wann kommst du aber wieder, :| Herzallerliebster mein?“

4. Wenn's schneiet rote Rosen und regnet kühlen Wein! |: Ade, mein Schatz, ich scheide, :| ade, mein Schätzelein!

5. Es schneit ja keine Rosen und regnet keinen Wein: |: So kommst du auch nicht wieder, :| Herzallerliebster mein.

Volkslied aus dem 19. Jh. · Satz: Burkhard Meier

Frühling, Sommer, Herbst und Winter

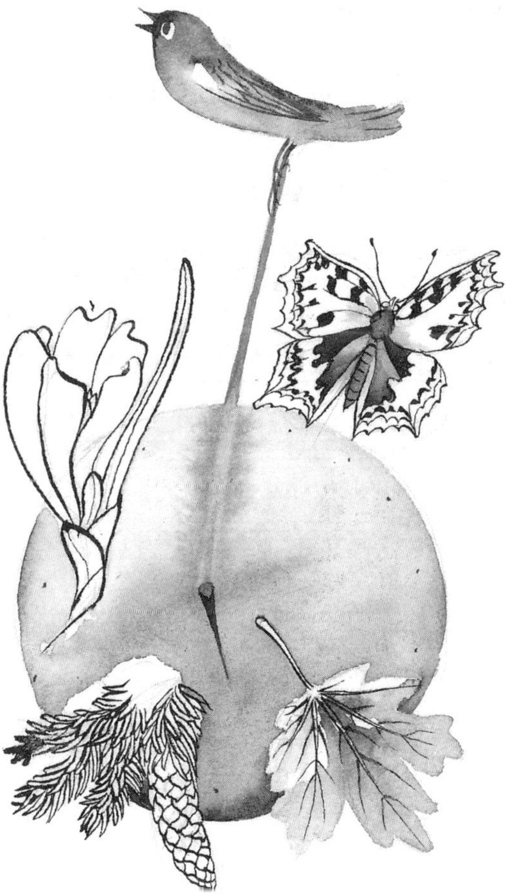

Das alte ist vergangen

2. Es bring euch Sonn' und Regen, viel Freude allerwegen.

Volkslied

So treiben wir den Winter aus

2. Wir stürzen ihn von Berg zu Tal, damit er sich zu Tode fall. Wir jagen ihn über die Heiden, daß er den Tod muß leiden.

3. Nun hab'n den Winter wir ausgetrieb'n, so bring'n wir den Sommer wieder, den Sommer und den Maien, die Blümlein mancherleien.

Aus dem 16. Jh. · Satz: Hans Werner Unger

Der Winter ist vergangen

2. Ich geh, ein'n Mai zu hauen[1], hin durch das grüne Gras, schenk meinem Buhl'n[2] die Treue, die mir die Liebste was, und bitt', daß sie mag kommen, all vor dem Fenster stahn[3], empfang'n den Mai mit Blumen, er ist gar wohl getan.

[1] Mai hauen = grüne Zweige abschneiden [2] Buhle = Geliebte [3] stahn = stehen

Altniederländisch, 1537 · Satz: Walter Rein

Viel Glück

Kanon für 4 Stimmen

Egon Rubisch

L'inverno è passato

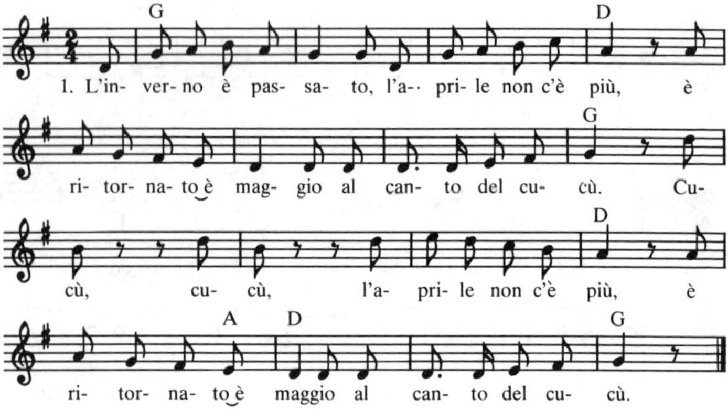

2. Lassù per le montagne, la neve non c'è più, comincia a far' il nido il povero cucù.
Cucù, cucù, la neve …

3. La bella alla finestra la guarda in su è in giù, aspetta il fidanzato al canto del cucù.
Cucù, cucù, la guarda …

4. Te l'ho pur sempre detto che maggio ha la virtù di far sentire l'amore al canto del cucù.
Cucù, cucù, che maggio …

Aus Norditalien

Sehnsucht nach dem Frühling

2. Zwar Wintertage haben wohl auch der Freuden viel; man kann im Schnee eins traben und treibt manch Abendspiel, baut Häuserchen von Karten, spielt Blindekuh und Pfand; auch gibt's wohl Schlittenfahrten aufs liebe freie Land.

3. Doch wenn die Vöglein singen und wir dann froh und flink auf grünem Rasen springen, das ist ein ander Ding! Jetzt muß mein Steckenpferdchen dort in dem Winkel stehn; denn draußen in dem Gärtchen kann man vor Schmutz nicht gehn.

4. Ach, wenn's doch erst gelinder und grüner draußen wär! Komm, lieber Mai, wir Kinder, wir bitten dich gar sehr! O komm und bring vor allem uns viele Veilchen mit, bring auch viel Nachtigallen und schöne Kuckucks mit!

Worte: Christian Adolf Overbeck · Melodie: Wolfgang Amadeus Mozart (1756–1791)

Nun bricht aus allen Zweigen

2. Und wie die Knospen springen, da regt sich's freudig überall! Die muntren Vöglein singen! Die Quelle rauscht im Tal, |: und freudig schallt das Lustgetön: O Welt, du bist so wunderschön! :|

3. Wie sich die Bäume wiegen im lieben, goldnen Sonnenschein! Wie hoch die Vögel fliegen! Ich möchte hinterdrein! |: Möcht jubeln über Tal und Höhn: O Welt, du bist so wunderschön! :|

Worte: Julius v. Rodenberg · Melodie: Ludwig van Beethoven (1770–1827) nach einem alten Volkslied

Nun will der Lenz uns grüßen

2. Waldvöglein Lieder singen, wie ihr sie nur begehrt, drum auf zum frohen Springen, die Reis' ist Goldes wert! Hei, unter grünen Linden, da leuchten weiße Kleid! Heija, nun hat uns Kinden ein End all Winterleid.

Satz: Walter Rein

Möseler Verlag Wolfenbüttel

Alle Vögel sind schon da

2. Wie sie alle lustig sind, flink und froh sich regen! Amsel, Drossel, Fink und Star und die ganze Vogelschar wünschen dir ein frohes Jahr, lauter Heil und Segen!

3. Was sie uns verkündet nun, nehmen wir zu Herzen: Wir auch wollen lustig sein, lustig wie die Vögelein, hier und dort, feldaus, feldein, singen, springen, scherzen!

Worte: Heinrich Hoffmann von Fallersleben (1798–1874) · Volksweise

Leise zieht durch mein Gemüt

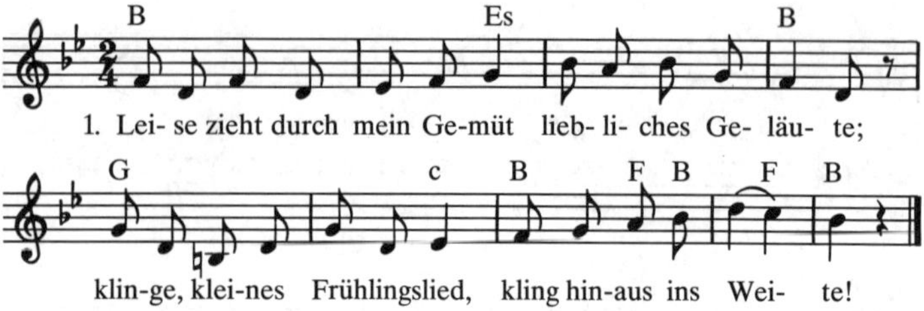

2. Kling hinaus bis an das Haus, wo die Blumen sprießen, wenn du eine Rose schaust, sag, ich lass' sie grüßen.

Worte: Heinrich Heine (1797–1856) · Melodie: Felix Mendelssohn Bartholdy (1809–1847)

Es naht die Zeit der Blüten

2. Star, Amseln, Lerchen draußen auf ihrem weiten Feld, die in den Wäldern hausen, besingen Gottes Welt.

3. Drum sing auch, meine Seele, stimm an dein Freudenlied, von Gottes Ruhm erzähle, wenn alles ringsum blüht.

Aus Schweden, 17. Jh. · Textfassung: Brigitte Lentze (nach Heer/Rabsch)

Verlag Moritz Diesterweg, Frankfurt a. M.

Der Mai, der Mai

2. Ich stecke mir den Maien an den Hut und zieh hinaus ins Weite. Ich hab einen frischen, freien Mut, der Mai ist meine Freude.

3. Hei, hei, jetzt ist die helle, hohe Zeit, wo alle Bäche schwellen. Ihr Wellen, nehmt den grünen Maien mit und grüßt die schöne Ferne.

Volkslied · Satz: Günter Bündig

Frühlingswind

2. Und ich träume von den Ferien, weiße Zelte, Tanz am Ried, frohes Wandern, frohes Baden, |: blauer Himmel, helles Lied. :|

3. Frühlingswind geht durch die Gärten, Apfelblüten niederstreun, und ich will mich ganz von Herzen |: auf den nächsten Sommer freun. :|

Worte: Helmut Stöhr · Melodie: Manfred Roost
Lied der Zeit Musikverlag Berlin

Grüß Gott, du schöner Maien

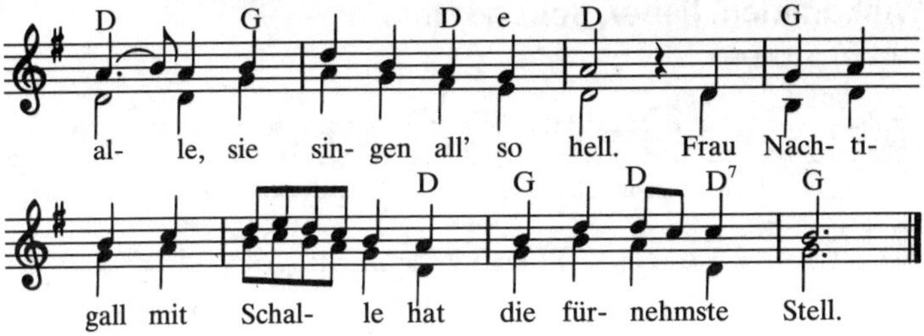

2. Die kalten Wind verstummen, der Himmel ist gar blau, die lieben Bienlein summen daher auf grüner Au'. O holde Lust im Maien, da alles neu erblüht. Du kannst mir sehr erfreuen mein Herz und mein Gemüt.

Volkslied · Satz: Karl Müller Schmied

Maienzeit

Neidhart von Reuenthal, 13. Jh.

Willkommen, lieber, schöner Mai

Kanon für 3 Stimmen

Worte: Ludwig Hölty (1748–1776) · Musik: Franz Schubert (1797–1828), 1813

Die beste Zeit

2. Voran die liebe Nachtigall macht alles fröhlich überall mit ihrem lieblichen Gesang, des muß sie haben immer Dank.

3. Viel mehr der liebe Herre Gott, der sie also geschaffen hat, zu sein die rechte Sängerin, der Musica ein Meisterin.

4. Dem singt und springt sie Tag und Nacht, seins Lobes sie nicht müde macht, den ehrt und lobt auch mein Gesang und sagt ihm ewiglichen Dank.

Worte: Martin Luther (1483–1546) · Melodie: in Straßburg 1572 bekannt

Quodlibet

D A
Heut im Wald ist großer Ball, kommen schnell die Tierlein
Gril- len und Kä-fer- lein stim- men ihr
Seht den bunten Rit- ter- sporn und 's Hek- ken-
Und der Frosch, der große Akro- bat, A- kro- bat,
Sitzt in der Eck die al- te Schneck, schaut dem bunten Treiben
D A7 D
all. Auf der Wies' im Mondenschein wolln sie al- le lustig sein.
In-stru-ment, zir- pen und summen fein zum fro- hen Reih'n.
rö- se- lein, wie sie al- le, hei-ßas- sa, tan-zen den Reih'n!
A-kro- bat, vie-le Künste vor-zu- führen hat, -füh- -ren hat.
zu, denkt so bei sich: Ist nichts für mich, ich brauche meine Ruh.

Jetzt kommen die lustigen Tage

2. Im Sommer, da muß man wandern, Schätzel, ade, und küßt du auch einen andern, wenn ich es nur nicht seh. Und seh ich's im Traum, so bilde ich mir ein: Ach, es ist ja nicht wahr, es kann ja gar nicht sein.

3. Und kehr ich dann einstmals wieder, Schätzel, ade, dann sing ich die alten Lieder, vorbei ist all mein Weh. Und bist du mir dann wie einstmals im Mai, so bleib ich bei dir auf ewige Treu.

Volkslied, um 1906

Zur Sommerzeit

Schwedische Volksweise · Textfassung: Rüdiger Sell

Geh aus, mein Herz

2. Die Bäume stehen voller Laub, das Erdreich decket seinen Staub mit einem grünen Kleide; Narzissus und die Tulipan, die ziehen sich viel schöner an als Sammet und als Seide.
3. Die Lerche schwingt sich in die Luft, das Täublein fliegt aus seiner Kluft und macht sich in die Wälder; die hochbetagte Nachtigall ergötzt und füllt mit ihrem Schall Berg, Hügel, Tal und Felder.
4. Ich selber kann und mag nicht ruhn, des großen Gottes großes Tun erweckt mir alle Sinnen; ich singe mit, wenn alles singt, und lasse, was dem Höchsten klingt, aus meinem Herzen rinnen.

Worte: Paul Gerhardt (1607–1676) · Melodie: August Harder (1775–1813)

Herbstlied

2. Herbst ist da, bald ruhet das Land, sommerlich Lied verklingt – |: will nichts mehr fragen, will nichts mehr sagen, Nebel sein Spiel beginnt. :|

Aus England (16. Jh.) · Textfassung: Rüdiger Sell · Satz: Andreas Unterumsberger, Henrike Sell

Heho, spann den Wagen an

Kanon für 3 Stimmen

Worte und Musik: nach einem englischen Kanon

Sommertücher

2. Die Wiese ist ein grünes Tuch am Badesee, die Erde hat's für uns gewebt aus Gras und Klee.

3. Das Kornfeld ist ein goldnes Tuch zur Erntezeit, das winkt dem Bauern fröhlich zu: Es ist soweit!

Worte: Helmut Stöhr · Melodie: Gunther Erdmann

Verlag Neue Musik Berlin

Kommt, ihr G'spielen

2. |: Hört, ihr G'sellen, die Hündlein bellen, was wollen wir beginnen? :|
|: Lasset uns kriegen, lasset uns siegen, Sommerszeit gewinnen. :|

3. |: Auf, ihr Brüder, singt hoch und nieder, den Sommer zu gewinnen. :|
|: Ist es nicht Schande weit in dem Lande, wenn wir uns besinnen? :|

Worte: nach Melchior Franck (um 1580–1639) · Melodie: aus dem 16. Jh.

Leer sind die Felder

Dänisches Volkslied · Nachdichtung: Gerhard Bünnemann · Satz: Andreas Unterumsberger

Ging ein Weiblein Nüsse schütteln

(auch als Kanon für 2 Stimmen)

2. Ging ein Weiblein |: Himbeern pflücken, :| riß die Krinolin in Stücken, sie in Stücken, rums!

3. Hat nicht nur den |: Rock zerrissen, :| wird die Schuh auch |: flicken müssen, :| rums!

Aus Ostpreußen

Herbstlied

2. Wie die volle Traube aus dem Rebenlaube purpurfarbig strahlt! Am Geländer reifen Pfirsiche mit Streifen rot und weiß bemalt.

3. Flinke Träger springen, und die Mädchen singen, alles jubelt froh! Bunte Bänder schweben zwischen hohen Reben auf dem Hut von Stroh.

4. Geige tönt und Flöte bei der Abendröte und im Mondesglanz; junge Winzerinnen winken und beginnen frohen Erntetanz.

Worte: Johann Gaudenz von Salis-Seewis · Melodie: Johann Friedrich Reichardt (1752–1814) · Satz: Günter Olias

Heut soll das große Flachsernten sein

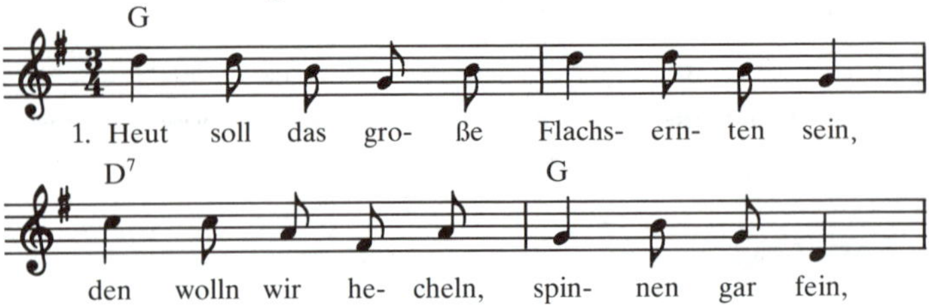

2. Heut soll das große Flachshecheln sein, den wolln wir spinnen, weben gar fein, dann nähen wir uns Hemd und auch Rock, schwingen uns froh zum Tanze!

3. Heut soll das große Flachsspinnen sein, den rauften wir und hechelten fein, dann nähen wir uns Hemd und auch Rock, schwingen uns froh zum Tanze!

4. Heut soll das große Leineweben sein, weil wir den Flachs gesponnen so fein, dann nähen wir uns Hemd und auch Rock, schwingen uns froh zum Tanze!

5. Heut soll für uns ein Freudentag sein, weil uns gelang die Arbeit so fein, dann nähen wir uns Hemd und auch Rock, schwingen uns froh zum Tanze!

Schwedisches Tanzlied, seit 1922 in der Jugendbewegung bekannt

O du stille Zeit

Worte: Joseph v. Eichendorff (1788–1857) · Musik: Cesar Bresgen · Voggenreiter-Verlag

O Tannenbaum

2. O Tannenbaum, o Tannenbaum, du kannst mir sehr gefallen. Wie oft hat nicht zur Weihnachtszeit ein Baum von dir mich hoch erfreut! O Tannenbaum, o Tannenbaum, du kannst mir sehr gefallen.

3. O Tannenbaum, o Tannenbaum, dein Kleid will mich was lehren: Die Hoffnung und Beständigkeit gibt Trost und Kraft zu jeder Zeit. O Tannenbaum, o Tannenbaum, dein Kleid will mich was lehren.

Worte: Ernst Anschütz, 1824, nach August Zarnack (1. Str., 1820) · Melodie: nach einem Studentenlied

O Tannenbaum, du trägst ein'n grünen Zweig

2. „Warum sollt ich nicht grünen, da ich noch grünen kann,ich hab nicht Mutter noch Vater, der mich versorgen kann.

3. Und der mich kann versorgen, das ist der Erde Schoß, der läßt mich wachsen und grünen, drum bin ich schlank und groß.“

Volkslied, 1812 · Satz: Horst Irrgang

Es ist für uns eine Zeit angekommen

2. |: Es schlafen Bächlein und See unterm Eise, es träumt der Wald einen tiefen Traum. :| Durch den Schnee, der leise fällt, wandern …

3. |: Vom hohen Himmel ein leuchtendes Schweigen erfüllt die Herzen mit Seligkeit. :| Unterm sternbeglänzten Zelt wandern …

Worte: Paul Hermann · Melodie: alte Sterndreherweise · Satz: Siegfried Bimberg

Jingle, Bells

2. A day or two ago I thought I'd take a ride, and soon Miss Fannie Bright was seated by my side. The horse was lean and lank, misfortune seemed his lot, he got into a drifted bank and we, we got upsot.

3. Now the ground is white, go it while you're young, take the girls tonight and sing this sleighing song. Just get a bobtailed bay, two-forty for his speed, then hitch him to an open sleigh, and crack! You'll take the lead.

Worte und Melodie: J. Pierpont

White Christmas

Worte und Melodie: Irving Berlin

Flocken schweben nieder

2. Weihnachtsglocken klingen, weiß ist Wald und Feld, überall ein Singen: |: Frieden aller Welt. :|

3. Tannengrün und Kerzen leuchten hell im Raum, öffnen unsre Herzen, |: schöner Weihnachtsbaum. :|

Worte: Johanna Neumann · Musik: Siegfried Bimberg

Friedrich Hofmeister Musikverlag Leipzig

Still senkt sich die Nacht hernieder

2. Steht inmitten weißer Wälder lichtgeschmückt ein grüner Baum. Lichterbaum der fernen Wälder: |: O du schöner Friedenstraum! :|

3. Stille Nacht – die Sterne künden: Frieden über Flur und Feld; auch der Mensch soll Frieden finden – |: Frieden, Frieden aller Welt! :|

4. Lange Nacht, nun tagt es wieder. Friedenstraum ward Wirklichkeit! Zukunftsfroh erklingen Lieder: |: O du schöne Weihnachtszeit! :|

Worte: Hermann Heinz Wille · Musik: Gerhard Wohlgemuth

Friedrich Hofmeister Musikverlag Leipzig

Tausend Sterne sind ein Dom

2. All dies Schweigen macht uns froh, ein Leuchten durch die Herzen geht. Und silbern schwingt der hohe Dom, vom Hauch der Weihnacht still umweht.

3. Alles Dunkel sinkt hinweg, wir haben unser Licht entfacht. Es leuchtet uns zum neuen Jahr in tiefer, sternverklärter Nacht.

Worte und Melodie: Siegfried Köhler · Satz: Rainer Herberger

Friedrich Hofmeister Musikverlag Leipzig

Guten Abend, schön Abend

2. |: Der Schnee fällt in Flocken, und weiß steht der Wald. Nun freut euch, ihr Kinder, die Weihnacht kommt bald. :|

3. |: Nun singt es und klingt es so lieblich und fein. Wir singen die fröhliche Weihnachtszeit ein. :|

Volkslied · 2. u. 3. Strophe: Ilse Naumikat

Friedrich Hofmeister Musikverlag Leipzig

Weihnachtsfreude

2. Süße Dinge, schöne Gaben gehen nun von Hand zu Hand. Jedes Kind soll Freude haben, jedes Kind in jedem Land. Leuchte,Licht, mit hellem Schein, überall soll Freude sein.

3. Sind die Lichter angezündet, rings ist jeder Raum erhellt. Weihnachtsfriede wird verkündet, zieht hinaus in alle Welt. Leuchte, Licht, mit hellem Schein, überall soll Friede sein.

Worte: Erika Engel · Musik: Hans Sandig

Leise rieselt der Schnee

2. In den Herzen ist's warm, still schweigt Kummer und Harm, Sorge des Lebens verhallt: Freue dich, Christkind kommt bald.

3. Bald ist Heilige Nacht, Chor der Engel erwacht. Hört nur, wie lieblich es schallt: Freue dich, Christkind kommt bald.

Worte und Melodie: Eduard Ebel · Satz: Burkhard Meier

O du fröhliche

2. O du fröhliche, o du selige, gnadenbringende Weihnachtszeit! Christ ist erschienen, uns zu versühnen: Freue, freue dich, o Christenheit!

3. O du fröhliche, o du selige, gnadenbringende Weihnachtszeit! Himmlische Heere jauchzen dir Ehre: Freue, freue dich, o Christenheit!

Worte: Strophe 1: Johannes Falk, 1819; Strophen 2 und 3: Heinrich Holzschuher, 1829 · Melodie: aus Sizilien, vor 1789 (bei Johann Gottfried Herder 1802)

In dulci jubilo

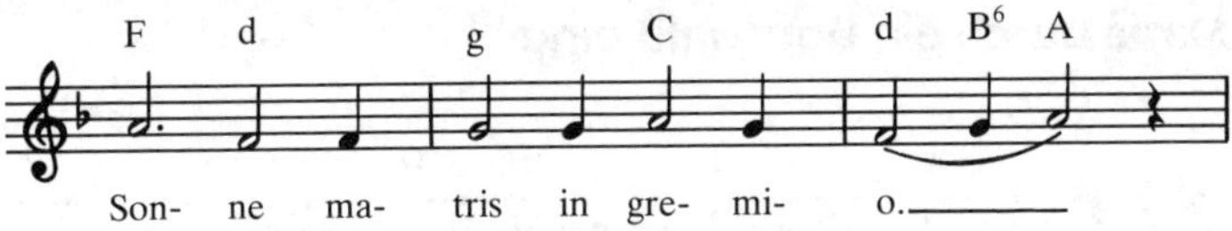

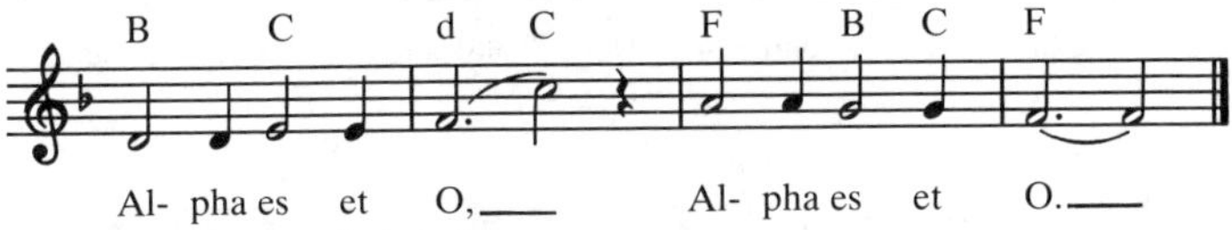

2. O Jesu parvule, nach dir ist mir so weh. Tröst mir mein Gemüte, o puer optime, durch alle deine Güte, o princeps gloriae. Trahe me post te!

3. Ubi sunt gaudia? Nirgend mehr denn da, da die Engel singen nova cantica, und die Schellen klingen in regis curia. Eia, wärn wir da!

Worte und Melodie: aus dem 14. Jh.

Es ist ein Ros entsprungen

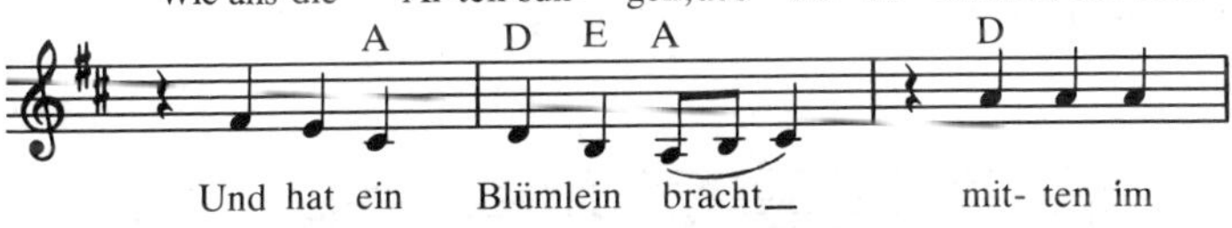

2. Das Röslein, das ich meine, davon Jesaias sagt, hat uns gebracht alleine Marie, die reine Magd. Aus Gottes ew'gem Rat hat sie ein Kind geboren wohl zu der halben Nacht.

3. Das Blümelein so kleine, das duftet uns so süß; mit seinem hellen Scheine vertreibt's die Finsternis: wahr' Mensch und wahrer Gott, hilft uns aus allem Leide, rettet von Sünd und Tod.

Worte: 1. und 2. Strophe aus dem 16. Jh., 3. Strophe aus dem 19. Jh. Melodie: aus dem 16. Jh.

Maria durch ein Dornwald ging

2. Was trug Maria unter ihrem Herzen? Kyrie eleison. Ein kleines Kindlein ohne Schmerzen, das trug Maria unter ihrem Herzen. Jesus und Maria.

3. Da haben die Dornen Rosen getrag'n, Kyrie eleison, als das Kindlein durch den Wald getrag'n, da haben die Dornen Rosen getrag'n. Jesus und Maria.

Stille Nacht

2. Stille Nacht! Heilige Nacht! Gottes Sohn, o wie lacht Lieb aus deinem göttlichen Mund, da uns schlägt die rettende Stund, Christ, in deiner Geburt.

3. Stille Nacht! Heilige Nacht! Hirten erst kundgemacht. Durch der Engel Halleluja tönt es laut von fern und nah: „Christ, der Retter, ist da!“

Worte: Joseph Mohr · Melodie: Franz Gruber, 1818

Auf dem Berge, da wehet der Wind

Hört, der Engel helle Lieder

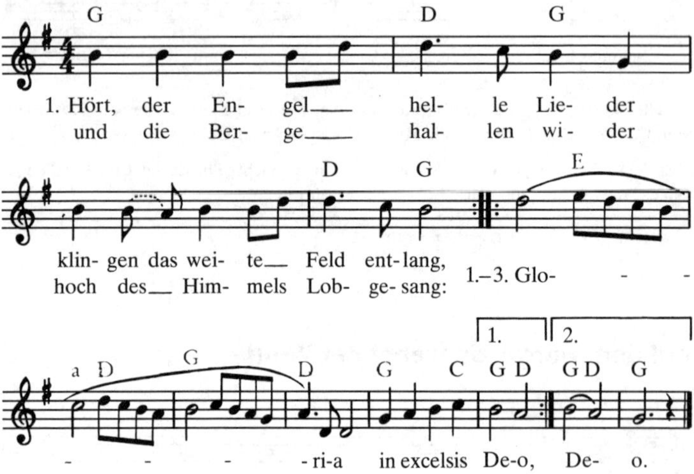

2. Hirten, warum wird gesungen? Sagt mir doch eures Jubels Grund! Welch ein Sieg ward denn errungen, den uns die Chöre machen kund?

3. Sie verkünden uns mit Schalle, daß der Erlöser nun erschien, dankbar singen sie heut alle an diesem Fest und grüßen ihn.

Aus Frankreich · Nachdichtung: Otto Abel

Vom Himmel hoch, o Englein, kommt

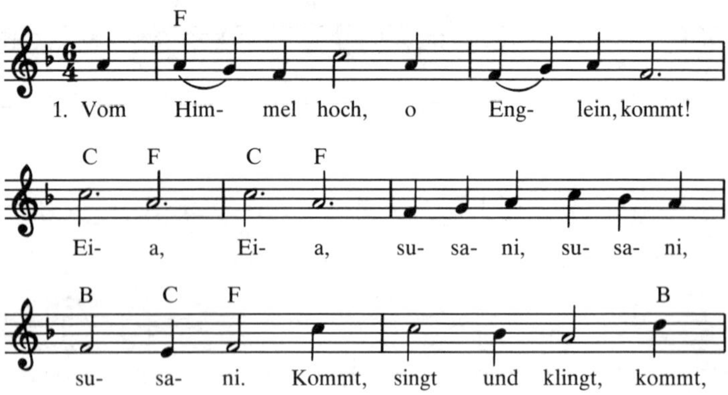

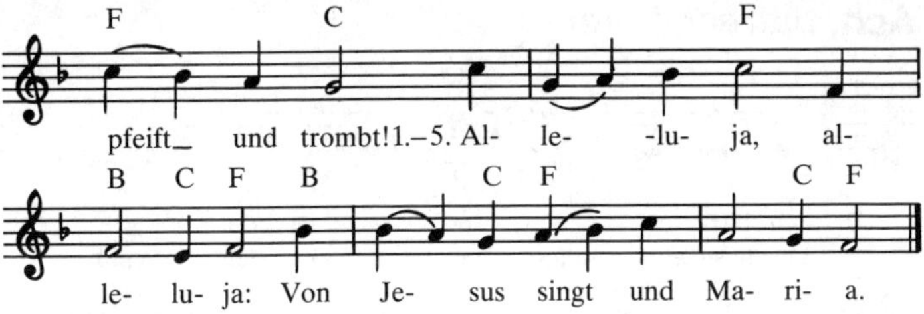

2. Kommt ohne Instrumente nit, eia … bringt Lauten, Harfen, Geigen mit!

3. Die Stimmen müssen lieblich gehn, eia … und Tag und Nacht nicht stille stehn.

4. Das Saitenspiel muß lauten süß, eia … davon das Kindlein schlafen müss'.

5. Singt Fried den Menschen weit und breit, eia … Gott Preis und Ehr in Ewigkeit!

Vom Himmel hoch, da komm ich her

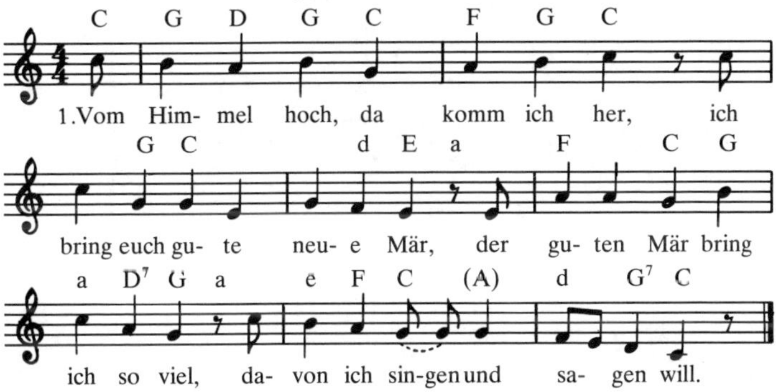

2. Euch ist ein Kindlein heut geborn von einer Jungfrau auserkorn, ein Kindelein, so zart und fein, das soll euer Freud und Wonne sein.

3. Es ist der Herr Christ, unser Gott, der will euch führn aus aller Not, er will euer Heiland selber sein, von allen Sünden machen rein.

4. Des laßt uns alle fröhlich sein und mit den Hirten gehn hinein, zu sehn, was Gott uns hat beschert, mit seinem lieben Sohn verehrt.

5. Lob, Ehr sei Gott im höchsten Thron, der uns schenkt seinen eignen Sohn. Des freuen sich der Engel Schar und singen uns solch neues Jahr.

Worte und Melodie: Martin Luther (1483–1546)

Ach, bittrer Winter

2. Die bunten Blümlein sind worden fahl. Entflogen ist uns Frau Nachtigall. Sie ist entflogn und wird uns nicht mehr singen.

Volkslied, aus Johannes Werlins Liederhandschrift, 1646 · Worte: ähnlich schon im Ambraser Liederbuch und im Berliner Liederbuch, beide 1582 · Satz: Lothar Höchel

Am Morgen
und
am Abend

Der Morgen graut

2. Die Nebel ziehn, die Täler blühn im Morgensonnenscheine. (Der Vogel sang den Morgen lang) [1] hoch über grünem Haine.

3. Wir reisen weit mit guter Zeit dem neuen Tag entgegen. (Wer mit uns geht, den Tag besteht) auf allen seinen Wegen.

[1] Die untere Stimme singt die eingeklammerten Teile nicht.

Worte: Gabriele Sander · Musik: Siegfried Bimberg

Friedrich Hofmeister Musikverlag Leipzig

Wachet auf, wachet auf

Kanon für 2 Stimmen

Musik: Hans Jacob Wachsmann

Morgenlied

2. Amseln singen Lieder, Augen werden blank. Straßen leben wieder, und uns ist nicht bang.

3. Tag bringt viel Erleben, Arbeit, Lust und Freud. Wolln ihm alles geben, was uns niemals reut.

4. Land liegt in der Frühe, Rosen werden wach. Unser Land erblühe, uns gehört der Tag.

Worte: Hans Langer · Musik: Gunther Erdmann

Auf, auf zum fröhlichen Jagen

2. Frühmorgens, als der Jäger in'n grünen Wald 'neinkam, da sah er mit Vergnügen das schöne Wildbret an. Die Gamslein, Paar um Paare, sie kommen von weit her, die Rehe und das Hirschlein, das schöne Wildbret schwer.

3. Das edle Jägerleben vergnüget meine Brust, dem Wilde nachzustreifen ist meine höchste Lust. Wir laden unsre Büchsen mit Pulver und mit Blei; wir führ'n das schönste Leben, im Walde sind wir frei.

Worte: Gottfried Benjamin Hanke, 1724 · Volksweise · Satz: Gerhard Räker

Friedrich Hofmeister Musikverlag Leipzig

Die Sonne geht auf

Kanon für 4 Stimmen

Tonika-Do-Bund Hannover

Fangt euer Handwerk fröhlich an

Kanon für 3 Stimmen

2. Fangt an! Fangt eure Arbeit fröhlich an, …

3. Fangt an! Fangt euer Singen fröhlich an, …

Worte und Musik: Heinrich Spitta

Möseler Verlag Wolfenbüttel

Danke für diesen guten Morgen

2. Danke für alle guten Freunde, danke, o Herr, für jedermann, danke, wenn auch dem größten Feinde ich verzeihen kann.

3. Danke für meine Arbeitsstelle, danke für jedes kleine Glück, danke für alles Frohe, Helle und für die Musik.

4. Danke für manche Traurigkeiten, danke für jedes gute Wort, danke, daß deine Hand mich leiten will an jedem Ort.

5. Danke, daß ich dein Wort verstehe, danke, daß deinen Geist du gibst, danke, daß in der Fern und Nähe du die Menschen liebst.

6. Danke, dein Heil kennt keine Schranken, danke, ich halt mich fest daran, danke, ach Herr, ich will dir danken, daß ich danken kann.

Worte und Melodie: Martin Gotthard Schneider
Bosse Verlag Regensburg

Es lebe die Arbeit

Kanon für 3 Stimmen

Worte: Herbert Keller · Musik: Andre Asriel

Wer schaffen will

Kanon für 3 Stimmen

Worte und Musik: Günther Diezel

Oh, How Lovely is the Evening
Oh, wie wohl ist mir am Abend

Kanon für 3 Stimmen

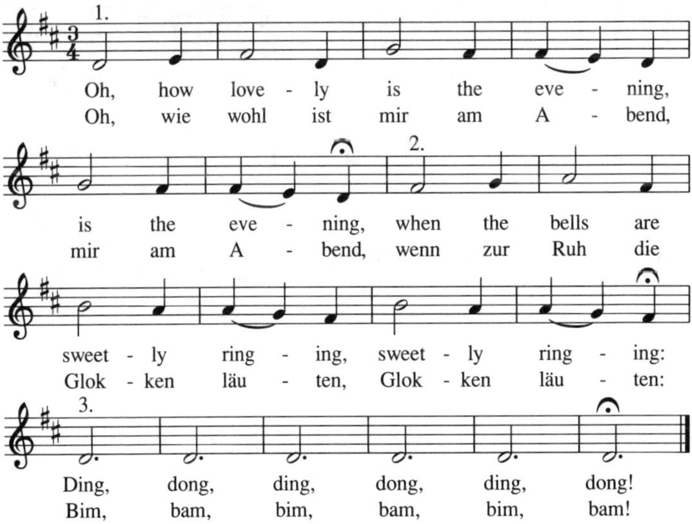

Mündlich überliefert

Good Night, Ladies

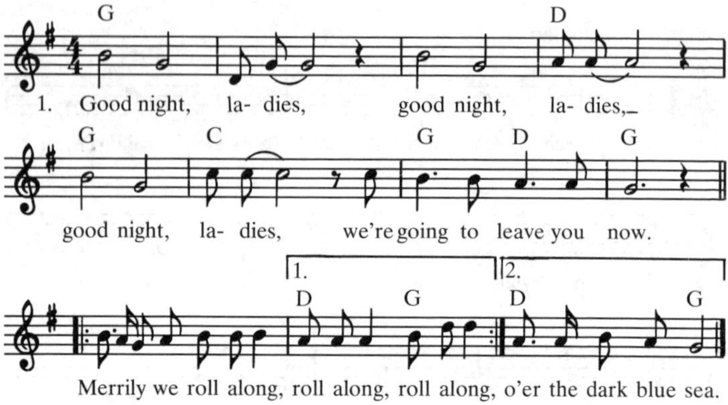

2. Farewell, ladies …

3. Sweet dreams, ladies …

Aus England

Abendstille

Kanon für 4 Stimmen

Worte: Fritz Jöde · Musik: H. C. Otto Laub

Möseler Verlag Wolfenbüttel und Zürich

Der Abend deckt sein blaues Tuch

2. Der Vöglein Lied ist lang verstummt, über den Zweigen nächtliches Schweigen ruht. Gute Nacht.

3. Der Abendwind kommt übers Land, streicht sanft die Bäume, bringt viele Träume mit. Gute Nacht.

Worte: Ilse Lukowsky, Raimund Hoge (3. Strophe) · Melodie: Siegfried Bimberg · Satz: Andreas Unterumsberger

Friedrich Hofmeister Musikverlag Leipzig

Gute Nacht

2. Fernher tönt deutlich der Turmuhr Schlag. Schlafe, mein Kind, bald ist wieder Tag. |: Sternenschein hüllt dich ein. Schlafe, denn früh willst du munter sein! :|

3. Gehst du zur Schule im Morgenlicht, sieh allen fröhlich ins Angesicht. |: Ferienzeit ist nicht weit, hält so viel Schönes für dich bereit! :|

Slowakische Volksweise · Nachdichtung: Marianne Graefe · Satz: Rüdiger Sell

Pädagogischer Staatsverlag Prag

Auld Lang Syne

2. We two have run about the braes and pulled the gowans fine, but we've wandered many a weary foot since auld lang syne.

3. We two have paddled in the brook from morning sun till noon, but seas between us broad have roared since auld lang syne.

4. And here's a hand, my trusty friend, and give us a hand of thine, we'll take a right good willie waught for auld lang syne.

1. Ein schöner Tag zu Ende geht, die Sterne sind erwacht, wir reichen uns die Hände nun und sagen „Gute Nacht".

1.–4. Von Ort zu Ort, von Land zu Land erklingt ein Lied darein, reicht eure Hände fest zum Bund: Wir wollen Freunde sein.

2. Ob Nord, ob Süd, ob Ost, ob West, wo du auch stehst, ist gleich: Ein Freundeskreis durchzieht die Welt: Horch auf, die Zeit ist reif.

3. Ein neuer Tag bricht bald herein, der weit uns sehen soll, zum Abschied reicht euch nun die Hand und saget „Lebewohl".

Worte: Robert Burns (1759–1796) · Nachdichtung: Oswald Schanowsky · schottische Volksweise

Am Lagerfeuer

Etwas langsam

2. Hoch loht die Flamme, stumm wird die Runde, Abschied zu nehmen, mahnt uns die Stunde. Steig' ein letztes Lied empor, mein Freund, nun singe, daß es in die abendstille Weite dringe!

3. Matt wird das Feuer, bald ist's verglommen, über uns ist die Nacht schon gekommen, schlaf nun ein, mein Freund, sollst gute Träume finden! Übers Jahr wirst du das Feuer neu entzünden!

Ungarische Volksweise · Nachdichtung: Heidi Kirmße

Nachtigallenkanon

Kanon für 3 Stimmen

Joseph Haydn (1732–1809)

Gute Nacht

2. Blumen und Strauch, sie schlummern auch. Hört den Trompeter, von fern ruft er uns zu: Geht, Pioniere, jetzt alle zur Ruh'!

3. Schön war der Tag, doch er ist vorbei. Leer ist der Park, müde säuselt der Wind, und in den Bäumen, da rauscht es ganz lind: Gute Nacht! …

Worte: W. Wiktorow · Nachdichtung: Annina Hartung · Musik: Dmitri Kabalewski

Die Blümelein, sie schlafen

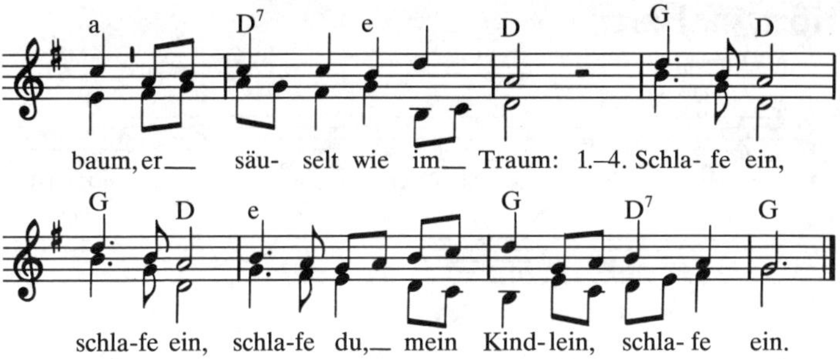

2. Die Vögelein, sie sangen so süß im Sonnenschein; sie sind zur Ruh gegangen in ihre Nestchen klein. Das Heimchen in dem Ährengrund, es tur allein sich kund.

3. Sandmännchen kommt geschlichen und guckt durchs Fensterlein, ob irgendwo ein Liebchen nicht mag zu Bette sein. Und wo es nur ein Kindlein fand, streut es ins Aug ihm Sand.

4. Sandmännchen aus dem Zimmer! Es schläft mein Herzchen fein, hat schon gar fest verschlossen sein lieb Guckäugelein. Es leuchtet morgen mir Willkommen das Äugelein so fromm.

Worte und Melodie: Wilhelm v. Zuccalmaglio (1803–1869) nach einer Weise um 1697

Abend senkt sich auf das Land

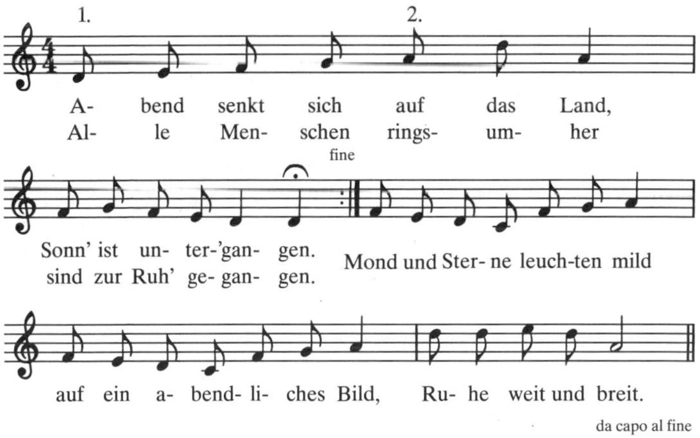

Aus Ungarn · Nachdichtung: Rüdiger Sell

Hört, ihr Herrn

2. Hört, ihr Herrn, und laßt euch sagen: unsre Glock hat elf geschlagen! Elf Apostel blieben treu, einer trieb Verräterei.

3. Hört, ihr Herrn, und laßt euch sagen: unsre Glock hat zwölf geschlagen! Zwölf, das ist das Ziel der Zeit; Mensch, bedenk die Ewigkeit!

4. Hört, ihr Herrn, und laßt euch sagen: unsre Glock hat eins geschlagen! Ist nur ein Gott in der Welt, ihm sei all's anheimgestellt. Alle Sternlein müssen schwinden, und der Tag will sich einfinden. Danket Gott, der uns die Nacht hat so väterlich bewacht!

Worte und Melodie: aus dem 17. Jh.

Gute Nacht

Kanon für 4 Stimmen

Wolfgang Amadeus Mozart (1756–1791)

Guten Abend, gut Nacht

2. Guten Abend, gut Nacht, von Englein bewacht, die zeigen im Traum dir Christkindleins Baum. |: Schlaf nun selig und süß, schau im Traum 's Paradies. :|

Worte: Strophe 1 in „Des Knaben Wunderhorn“, Strophe 2 Georg Scherer, 1828 · Melodie: Johannes Brahms (1833–1897)

Nun schlafen auch die Wälder weit

2. Ein erster Stern ist aufgewacht; in Güte strahlt sein Licht. Das dunkle Land gehört der Nacht, die alle Hast zerbricht.

3. So schließt sich still der große Kreis, der Tag und Nacht umschlingt. Die Nacht erinnert uns ganz leis an das, was in uns klingt.

4. Der Morgen liebt die Träume nicht, er öffnet groß sein Tor. Der Morgen bringt mit seinem Licht den neuen Tag hervor.

Worte und Melodie: Siegfried Köhler

Bärenreiter-Verlag Kassel und Basel

Der Mond ist aufgegangen

2. Seht ihr den Mond dort stehen? Er ist nur halb zu sehen und ist doch rund und schön. So sind wohl manche Sachen, die wir getrost belachen, weil unsre Augen sie nicht sehn.

Worte: Matthias Claudius (1740–1815) · Melodie: Johann Abraham Peter Schulz (1747–1800) · Satz: Peter Vagts

Gute Nacht

2. Auf den Straßen leuchten die Lampen hell, und die seltnen Schritte verhallen schnell, |: bald in jedem Haus gehn die Lichter aus. Gute Nacht … :|

3. Unsre Erde schläft nun in tiefer Ruh', bald in süßen Träumen ruhst auch du. |: Überm Wald der Wind säuselt sanft und lind. Gute Nacht … :|

Worte: Georgi Awgarski · Nachdichtung: Annina Hartung · Musik: Paraschkev Chadschiev

God Nacht

2. Din Kind liggt in de Weegen, un ik bün ok bi di; din Sorgen um din Lewen is allens um un bi.

3. Noch eenmal lat uns spräken: Godn Abend, gode Nacht! De Maand schient ob de Däken, de Sterne hölten Wacht.

Worte: Theodor Storm (1817–1888) · Melodie: Ernst Licht

Спи, младенец

2. Стану сказывать я сказки, песенку спою. Ты-ж дремли, закрывши глазки. Баюшки баю.

2. Märchen werd ich dir erzählen, schlaf in guter Ruh. Leise schließt du deine Äuglein, bajuschkibaju.

Kasachisches Volkslied

Abend

Kanon für 3 Stimmen

Worte: aus dem Neuen Testament (Lukas 24, 29) · Musik: Albert Thate

Bärenreiter-Verlag Kassel/Basel

Bobo waro fero Satodeh

Deutsch:
Jedermann liebt den Samstagabend.

Englisch:
Everybody loves saturday night.

Französisch:
Tout le monde aime samedi soir.

Russisch:
Всем нравится суббота вечером

Aus Nigeria

Es schlägt eine Nachtigall

Kanon für 3 Stimmen

Worte: Eduard Mörike (1804–1875)

Wiegenlied

2. Schlafe, schlafe in dem süßen Grabe, noch beschützt dich deiner Mutter Arm; alle Wünsche, alle Habe faßt sie liebend, alle liebewarm.

3. Schlafe, schlafe in der Flaumen Schoße, noch umtönt dich lauter Liebeston, eine Lilie, eine Rose, nach dem Schlafe werd sie dir zum Lohn.

Melodie: Franz Schubert (1797–1828)

Alphabetisches Inhaltsverzeichnis

Sinngebiete

Umweltschonendes Papier chlorfrei

ISBN 3-06-150518-0

2., durchgesehene Auflage
8 / 99

Alle Drucke dieser Auflage sind im Unterricht parallel nutzbar. Die letzte Zahl bedeutet das Jahr dieses Druckes.

Printed in Germany
Redaktion: Rüdiger Sell, Andreas Unterumsberger
Einband und Illustrationen: Wolfgang Würfel
Gesamtherstellung: Offizin Andersen Nexö, Leipzig
Typografische Gestaltung: Torsten Lemme

Grifftabelle für die Gitarre – Haupttharmonien gebräuchlicher Tonarten

C-Dur

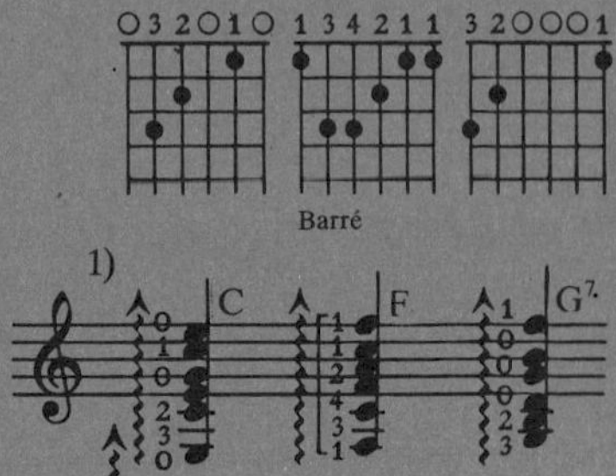

1) Mit Daumen durchstreichen

D-Dur

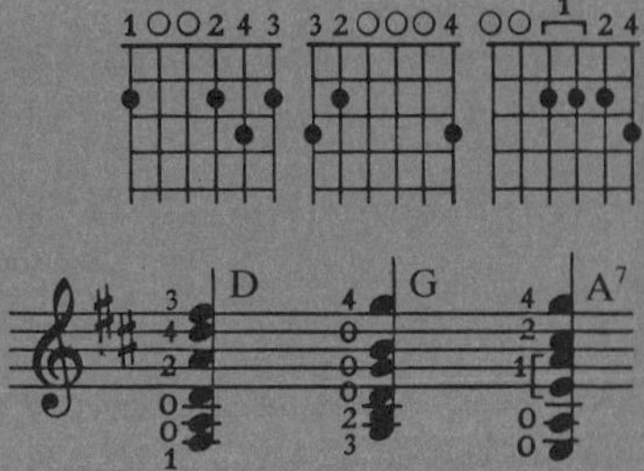

E-Dur

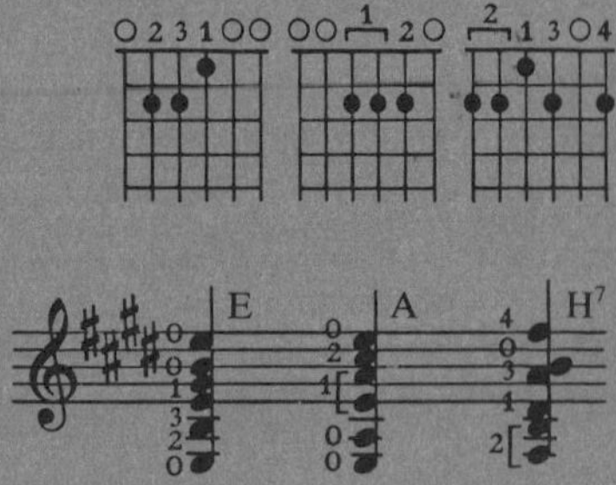